최상위권 독해의 비결, **추론**

용선행

추론독해

2

초등 국어 **2단계**

2·3학년 권장

용한쌤 추론독해가 필요한 이유

추론을 잡아야 독해가 된다

글에는 모든 정보가 다 담겨 있지 않습니다. 읽는 이가 알 만한 정보나 맥락상 알 수 있는 내용은 생략되어 있지요. 그러니 독해를 잘하려면 문맥을 통해 생략된 정보를 짐작하고, 글의 내용과 배경지식을 연결 지으며 읽을 수 있어야 합니다. 이것이 추론입니다.

새 국어과 교육과정에서도 추론적 읽기가 강화되었습니다. 글의 내용을 제대로 정확하게 읽어 내는 능력이 '추론'에 달려 있기 때문입니다.

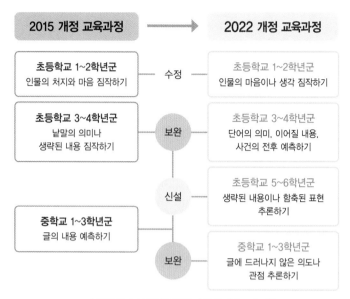

▲ 추론적 읽기가 강화된 2022 개정 국어과 교육과정

용한쌤 추론독해가 특별한 이유

읽기 이론과
교육과정에 기초한
체계적인 커리큘럼

단계가 올라갈수록

\# 전략은_심화되고
\# 지문은_길어지고
\# 핵심은_더_꼼꼼하게
\# 어휘는_더_탄탄하게

	1단계	2단계
내용 이해	① 문장 이해하기 (기초) ② 문장 부호 알기 (기초) ③ 중심 낱말 찾기 ④ 글의 내용 확인하기 ⑤ 누가 무엇을 했는지 알기 ⑥ 인물의 생각 알기	① 중심 문장 찾기 ② 설명하는 대상의 특징 찾기 ③ 인물의 마음 변화 알기 ④ 장면 떠올리며 읽기 ⑤ 의견과 까닭 파악하기
구조·표현 파악		⑥ 중요한 내용 정리하기 ⑦ 장소 변화에 따라 일이 일어난 차례 알기
추론	⑦ 시간 흐름에 따라 일이 일어난 차례 알기 ⑧ 꾸며 주는 말 알기	⑧ 뒷이야기 상상하기 ⑨ 인물의 모습과 행동 상상하기 ⑩ 알맞은 문장 짐작하기
평가	⑨ 인물의 마음 짐작하기 ⑩ 알맞은 낱말 짐작하기 ⑪ 글쓴이의 생각 판단하기	⑪ 글쓴이의 의견과 나의 의견 비교하기
창의	⑫ 일상생활에 적용하기	⑫ 자료에 적용하기

- 500~800자의 지문
- 생활문(감상문, 기행문, 일기, 편지글 등), 설명문, 논설문
- 전래 동화, 창작 동화, 세계 명작 동화, 동시, 극
- 비슷한 말, 반대되는 말, 헷갈리는 말, 관용 표현 학습

논리적 추론을 위한 **전략·문제·연습**

빈틈없는 추론 전략

인물의 마음·행동·가치관 짐작하기, 생략된 낱말과 문장 짐작하기, 낱말의 뜻 짐작하기, 이어질 내용 짐작하기, 함축된 표현의 의미 추론하기, 작가의 의도 짐작하기 등 추론적 사고력을 향상시키는 읽기 전략을 빠짐없이 구성하였습니다.

다양한 추론 문제

추론은 아이들이 문제를 풀 때 가장 어려워하는 유형입니다. 다양하고 질 좋은 ★추론 문제를 통해 추론 능력을 탄탄히 다질 수 있습니다.

효과적인 추론 연습

문제 아래에 💡어떻게 알았나요?를 두어, 문제를 풀 때 글 속에서 근거를 찾는 방법을 연습하게 하였습니다. 이는 글에 드러난 정보에 기반하여 내용을 능동적으로 추론하며 읽는 습관을 길러 줄 것입니다.

3단계	4단계	5단계	6단계
① 중심 문장과 뒷받침 문장 알기	① 글의 주제 찾기	① 글쓴이의 관점 파악하기	① 글의 종류에 따라 다르게 읽기
② 사실과 의견 구별하기	② 인물, 사건, 배경 알기	② 인물의 갈등 이해하기	② 말하는 이 파악하기
③ 글의 목적 파악하기			
	③ 감각적 표현 알기	③ 비유하는 표현 이해하기	③ 반어와 역설 이해하기
④ 글의 내용 간추리기	④ 원인과 결과 파악하기	④ 설명 방법 알기: 정의, 예시, 열거, 인과	④ 설명하는 글의 짜임 알기
⑤ 이야기의 내용 간추리기	⑤ 주장과 근거 파악하기	⑤ 설명 방법 알기: 비교, 대조	⑤ 주장하는 글의 짜임 알기
⑥ 시의 특징 알기		⑥ 설명 방법 알기: 분류, 분석	
	⑥ 뒷받침 문장 짐작하기		⑥ 함축된 표현의 의미 추론하기
⑦ 낱말의 뜻 짐작하기	⑦ 어울리는 시각 자료 짐작하기	⑦ 소재의 의미 추론하기	⑦ 작품의 시대 상황 추론하기
⑧ 이어 주는 말 짐작하기	⑧ 인물의 성격 파악하기	⑧ 인물이 추구하는 가치 추론하기	⑧ 작가의 의도 해석하기
⑨ 이야기의 분위기 파악하기	⑨ 이어질 내용 짐작하기	⑨ 생략된 내용 추론하기	
			⑨ 표현의 적절성 판단하기
⑩ 인물의 행동 평가하기	⑩ 뒷받침 문장의 적절성 판단하기	⑩ 내용의 타당성 판단하기	⑩ 글쓴이의 관점 평가하기
⑪ 서로 다른 의견 비교하기	⑪ 근거의 타당성 판단하기	⑪ 두 글의 관점 분석하기	
			⑪ 구체적인 상황에 적용하기
⑫ 인물의 가치관을 삶에 적용하기	⑫ 질문하며 읽기	⑫ 자료를 통해 문제 해결하기	⑫ 두 글을 통합적으로 읽기

- 700~1,100자의 지문
- 인문·사회·과학·예술 영역의 설명문, 논설문
- 고전 소설, 현대 소설, 세계 명작 소설, 현대 시, 현대 수필
- 내용 구조화로 핵심 정리
- 다의어, 동형어, 헷갈리는 말, 한자어 학습

- 900~1,300자의 지문
- 인문·사회·과학·예술 영역의 설명문, 논설문
- 고전 소설, 현대 소설, 세계 명작 소설, 현대 시, 현대 수필
- 문단별 요약으로 핵심 정리
- 다의어, 동형어, 헷갈리는 말, 뜻을 더하는 말, 한자어 학습

추론독해의 구성과 특징

읽기 전략

쉬운 설명과 확인 문제를 통해
초등 2~3학년 수준에서 필수적인 읽기 전략을 배웁니다.

개념 이해

읽기 전략을 쉽게 이해할 수 있
도록 재미있는 그림과 함께 제
시하였습니다.

이렇게 해요!

읽기 전략을 사용하는 방법을
간단히 정리하였습니다.

확인 문제

짧은 지문과 적용 문제를 통해
읽기 전략을 제대로 이해했는
지 점검할 수 있게 하였습니다.

실전 독해

다양한 문학·비문학 지문을 읽고 문제를 풀어 보며
독해 실력을 쌓습니다.

📖 **교과 연계**

지문 내용과 연계된 교과목 및
단원을 제시하였습니다.

어휘 풀이

지문 속 어려운 어휘를 그림과
함께 풀이해 주었습니다. 왼쪽
체크 박스를 활용해 학습 여부
를 확인할 수 있습니다.

전략 적용

읽기 전략을 적용해 풀어야 하
는 문제를 표시해 두었습니다.

💡 **어떻게 알았나요?**

답을 어떻게 찾았는지 써 보며
지문에서 답을 찾는 습관을 들
일 수 있게 하였습니다.

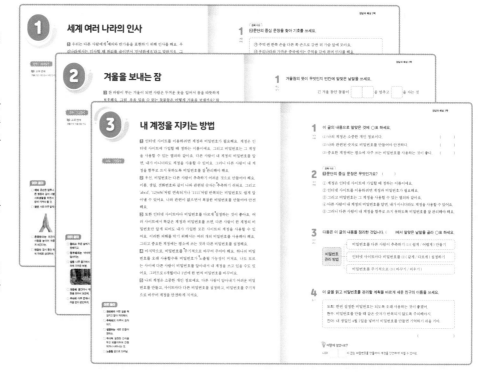

어휘
익히기

지문 어휘 복습 및 관련 어휘 학습으로
독해의 기반인 어휘력을 넓고 깊게 익힙니다.

지문에서 배운 어휘를 다시 한번 확인하며
어휘 실력을 탄탄히 다질 수 있게 하였습니다.

어휘 지식을 확장할 수 있도록 지문과 관련된 비슷한 말, 반대되는 말, 헷갈리는 말, 관용 표현 학습을 구성하였습니다.

정답과
해설

정답을 빠르게 확인할 수 있는 정답표,
친절하고 자세한 해설을 제공하였습니다.

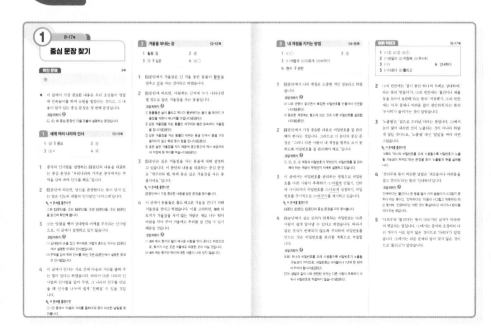

오답 피하기

오답이 오답인 이유를 명쾌하게 설명하였습니다.

이 문제를 틀렸다면

문제에 대한 힌트를 주어, 틀린 문제를 다시 풀어 보고 정답을 찾을 수 있게 하였습니다.

차례

1

중심 문장 찾기

개념 이해

여러 문장이 모여 하나의 생각을 나타내는 글의 덩어리를 '문단'이라고 해요. 중심 문장은 한 문단의 내용을 대표하는 문장을 말해요.

위 그림 속 문단에서 중심 문장을 찾아볼까요? ①번 문장은 구름이 모양에 따라 다양한 이름으로 불린다는 내용이에요. 그리고 ②번, ③번, ④번 문장은 각각 새털구름, 뭉게구름, 양떼구름을 예로 들어 ①번 문장을 도와주고 있어요. 따라서 중심 문장은 문단의 내용을 대표하는 ①번 문장이에요.

이렇게 해요!

① 문단을 이루는 문장들을 꼼꼼히 읽으면서 내용을 파악해요.

② 문단에서 가장 중요한 내용을 담고 있는 문장을 찾아요. 그 문장이 문단의 전체 내용을 대표하는 중심 문장이에요.

> 📘 도서관에 가면 지켜야 할 규칙들이 있어요. 도서관은 여러 사람이 이용하는 공간이기 때문이에요. 도서관에서는 다른 사람에게 방해가 되지 않도록 조용히
> 중심 문장
> 말해야 해요. 그리고 책을 찢거나 접지 말고 깨끗하게 읽어야 해요.

> 중심 문장은 주로 문단의 맨 앞에 오지만, 중간이나 맨 끝에 오기도 해!

확인 문제

■ 다음 글을 읽고, ㉠~㉣ 중 중심 문장을 찾아 기호를 쓰세요.

㉠우리 조상들은 명절에 민속놀이를 하며 소원을 빌었어요. ㉡설날에는 한 해 동안 나쁜 일이 일어나지 않기를 바라며 연날리기를 했어요. 연을 높이 띄운 뒤에 연줄을 끊으면, 나쁜 기운이 연과 함께 멀리 달아난다고 생각했지요. 추석이 되면 여자들이 풍년이 들기를 바라는 마음을 담아 강강술래를 했어요. ㉢강강술래는 손에 손을 잡고 둥글게 돌면서 춤추고 노래하는 놀이예요. 정월 대보름에는 들판에 불을 놓는 쥐불놀이를 하며 마을에 좋은 일이 생기기를 바랐어요. ㉣불을 크게 만들수록 곡식이 잘 자란다고 믿었기 때문에 짚을 사용하여 불길을 키웠어요.

설날, 추석, 정월 대보름은 모두 우리나라의 명절이야.

▲ 연날리기

▲ 강강술래

(   )

세계 여러 나라의 인사

1

인문 | 645자

📖 교과 연계
세계 2-1 안녕, 인사해요

1 우리는 다른 사람에게 예의와 반가움을 표현하기 위해 인사를 해요. 우리나라에서는 인사할 때 허리를 숙이면서 '안녕하세요'라고 말하지요. 그런데 세계의 모든 나라가 이렇게 인사를 하는 것은 아니에요. 인사말과 인사법은 나라마다 달라요.

2 우리나라와 가까운 중국에서는 주먹을 감싸 쥐며 인사를 해요. 주먹 쥔 한쪽 손을 다른 쪽 손으로 감싼 뒤 가슴 앞에 모아요. 그런 다음 우리나라처럼 허리를 숙이면서 '닌하오'라고 말해요.

3 인도와 네팔에서는 두 손을 펴서 마주 대며 인사를 해요. 턱 아래에서 두 손을 맞댄 채로 고개를 살짝 숙이며 '나마스테'라고 말하지요. 나마스테라는 말에는 당신을 존중한다는 뜻이 담겨 있어요.

4 미국에서는 인사할 때 허리나 고개를 숙이는 대신에 악수를 해요. 악수란 상대방의 손을 잡고 위아래로 가볍게 흔드는 것을 말해요. 서로 눈을 맞추고 '헬로'라고 말하면서 반갑게 악수를 나누어요.

5 프랑스에서는 보통 '봉주르'라고 말하며 인사를 해요. 하지만 친한 친구를 만나면 서로 안은 채 양쪽 뺨을 번갈아 대면서 인사를 해요. 이때, 뺨에 가볍게 입을 맞추거나 입으로만 쪽 소리를 내기도 해요.

6 인사는 서로 간에 마음의 거리를 좁혀 주는 힘이 있어요. 그래서 다른 나라의 인사말과 인사법을 알아 두면, 그 나라의 친구를 만났을 때 쉽게 [㉠] 수 있어요.

어휘 풀이

☐ **예의** 공손한 말투나 바른 행동과 같이 사람이 사회생활을 하면서 마땅히 지켜야 할 것.

☐ **맞댄** 서로 마주 닿게 한.

☐ **존중한다는** 의견이나 사람을 높이어 귀중하게 여긴다는.

☐ **번갈아** 잠시 동안 하나씩 차례로 상대하여.

1
내용
이해

2문단의 중심 문장을 찾아 기호를 쓰세요.

> ㉮ 주먹 쥔 한쪽 손을 다른 쪽 손으로 감싼 뒤 가슴 앞에 모아요.
>
> ㉯ 우리나라와 가까운 중국에서는 주먹을 감싸 쥐며 인사를 해요.
>
> ㉰ 그런 다음 우리나라처럼 허리를 숙이면서 '닌하오'라고 말해요.

(   )

 어떻게 알았나요?

중심 문장은 문단에서 가장 [   ][   ] 한 내용을 담은 문장이에요.

2
내용
이해

이 글의 내용으로 알맞지 <u>않은</u> 것은 무엇인가요?   (   )

① 미국의 인사말은 '헬로'이다.

② 우리나라에서는 인사할 때 허리를 숙인다.

③ 프랑스에서는 보통 '봉주르'라고 말하며 인사를 한다.

④ '닌하오'라는 말에는 당신을 존중한다는 뜻이 담겨 있다.

⑤ 인도와 네팔에서는 두 손을 펴서 마주 대며 인사를 한다.

3
★ 추론

이 글에서 설명한 인사법이 <u>아닌</u> 것에 ✕표 하세요.

(1)  (   )

(2)  (   )

(3)  (   )

4
★ 추론

㉠에 들어갈 알맞은 낱말은 무엇인가요?   (   )

① 이길   ② 도망칠   ③ 멀어질

④ 친해질   ⑤ 지루해질

겨울을 보내는 잠

과학 | 723자

1 찬 바람이 부는 겨울이 되면 사람은 두꺼운 옷을 입어서 몸을 따뜻하게 보호해요. 그럼, 옷을 입을 수 없는 동물들은 어떻게 겨울을 보낼까요? 많은 동물이 따뜻한 곳을 찾아가 잠을 자며 추운 겨울을 이겨 내요.

2 긴 겨울 동안 동물이 활동을 멈추고 잠을 자는 것을 '겨울잠'이라고 해요. 겨울은 동물들에게 힘든 계절이에요. 춥고 눈이 많이 내리는 데다가 먹이를 구하기도 어렵기 때문이에요. 동물들이 먹이를 충분히 먹지 못하면 몸을 움직이는 데 필요한 에너지가 부족해져요. 그래서 동물들은 날이 풀리고 먹이가 풍부해지는 봄이 올 때까지 겨울잠을 자면서 에너지를 아껴요.

3 겨울잠에는 '얕은 겨울잠'과 '깊은 겨울잠'이 있어요. 곰과 다람쥐는 근처에 누가 나타나면 깰 정도로 얕은 겨울잠을 자요. 곰은 나무 밑동이나 바위굴에서, 다람쥐는 나무 구멍이나 땅속에서 잠에 들어요. 곰과 다람쥐는 얕은 잠을 자기 때문에 중간중간에 깨서 보금자리에 저장해 둔 먹이를 먹기도 해요.

4 ㉠개구리와 뱀, 박쥐 등은 깊은 겨울잠을 자는 동물이에요. ㉡개구리와 뱀은 땅속에서, 박쥐는 따뜻한 동굴 안에서 몸을 거의 움직이지 않고 죽은 듯이 잠을 자요. ㉢자는 동안은 누가 건드려도 절대 깨지 않아요. ㉣이렇게 겨울잠을 깊이 자는 동물들은 몸이 얼지 않을 만큼 날씨가 따뜻해져야 잠에서 깨어난답니다.

5 이 외에도 다양한 동물이 겨울잠을 자면서 춥고 배고픈 겨울을 견뎌요. 동물들에게 겨울잠은 추운 겨울을 무사히 보내는 지혜로운 방법이에요.

어휘 풀이

□ **풀리고** 추운 날씨가 따뜻해지고.

□ **풍부해지는** 넉넉하고 많아지는.

□ **밑동** 나무 줄기에서 뿌리에 가까운 부분.

□ **저장해** 물건이나 재물 등을 모아서 보관해.

□ **무사히** 아무 문제나 어려움 없이 편안하게.

1 겨울잠의 뜻이 무엇인지 빈칸에 알맞은 낱말을 쓰세요.

중심
생각

긴 겨울 동안 동물이 ☐☐ 을 멈추고 ☐ 을 자는 것

2 겨울잠을 자는 동물에 대한 설명으로 알맞지 <u>않은</u> 것은 무엇인가요? (   )

내용
이해

① 겨울잠을 자면서 에너지를 아낀다.
② 개구리와 뱀은 땅속에서 겨울잠을 잔다.
③ 박쥐는 동굴 안에서 죽은 듯이 잠을 잔다.
④ 다람쥐는 겨울잠을 자는 동안 절대 깨지 않는다.
⑤ 곰은 겨울잠을 자는 중간에 깨서 먹이를 먹는다.

3 전략 적용
㉠~㉣ 중 **4**문단의 중심 문장을 찾아 기호를 쓰세요.

내용
이해

(   )

💡 어떻게 알았나요?

4문단은 ☐☐ 겨울잠을 자는 동물에 대해 설명하고 있어요.

4 이 글을 읽고, 보기 의 빈칸에 들어갈 알맞은 말에 ○표 하세요.

창의

보기

겨울이 다가오면 토끼의 몸에는 하얗고 긴 털이 새로 난다. 토끼의 온몸을 뒤덮은 털은 매서운 바람을 막아 준다. 이렇듯 토끼는 [   ] 겨울잠을 자지 않는다.

(1) 겨울에도 따뜻한 곳에 살기 때문에   (   )
(2) 겨울에도 추위를 잘 견딜 수 있기 때문에   (   )
(3) 겨울에도 먹이를 쉽게 구할 수 있기 때문에   (   )

내 계정을 지키는 방법

사회 | 799자

1 인터넷 사이트를 이용하려면 계정과 비밀번호가 필요해요. 계정은 인터넷 사이트에 가입할 때 정하는 이름이에요. 그리고 비밀번호는 그 계정을 사용할 수 있는 열쇠와 같아요. 다른 사람이 내 계정의 비밀번호를 알면, 내가 아니더라도 계정을 사용할 수 있어요. 그러니 다른 사람이 내 계정을 함부로 쓰지 못하도록 비밀번호를 잘 관리해야 해요.

2 우선, 비밀번호는 다른 사람이 추측하기 어려운 것으로 만들어야 해요. 이름, 생일, 전화번호와 같이 나와 관련된 숫자는 추측하기 쉬워요. 그리고 'abcd', '123456'처럼 연속되거나 '1111'처럼 반복되는 비밀번호도 쉽게 알아낼 수 있어요. 나와 관련이 없으면서 복잡한 비밀번호를 만들어야 안전해요.

3 또한 인터넷 사이트마다 비밀번호를 다르게 설정하는 것이 좋아요. 여러 사이트에서 똑같은 계정과 비밀번호를 쓰면, 다른 사람이 한 계정의 비밀번호만 알게 되어도 내가 가입한 모든 사이트의 계정을 사용할 수 있어요. 이러한 피해를 막기 위해서는 여러 개의 비밀번호를 사용해야 해요. 그리고 중요한 계정에는 평소에 쓰는 것과 다른 비밀번호를 설정해요.

4 마지막으로, 비밀번호를 주기적으로 바꾸어 주어야 해요. 하나의 비밀번호를 오래 사용할수록 비밀번호가 노출될 가능성이 커져요. 나도 모르는 사이에 다른 사람이 비밀번호를 알아내서 내 계정을 쓰고 있을 수도 있어요. 그러므로 6개월이나 1년에 한 번씩 비밀번호를 바꾸어요.

5 나의 계정은 소중한 개인 정보예요. 다른 사람이 알아내기 어려운 비밀번호를 만들고, 사이트마다 다른 비밀번호를 설정하고, 비밀번호를 주기적으로 바꾸어 계정을 안전하게 지켜요.

어휘 풀이

☐ **관리해야** 어떤 일을 책임지고 맡아 처리해야.

☐ **추측하기** 미루어 짐작하기.

☐ **설정하는** 새로 만들어 정하는.

☐ **주기적** 일정한 간격을 두고 되풀이하여 진행하거나 나타나는 것.

☐ **노출될** 겉으로 드러날.

1 이 글의 내용으로 알맞은 것에 ○표 하세요.

내용
이해

(1) 나의 계정은 소중한 개인 정보이다. ( )

(2) 나와 관련된 숫자로 비밀번호를 만들어야 안전하다. ( )

(3) 중요한 계정에는 평소에 자주 쓰는 비밀번호를 사용하는 것이 좋다. ( )

2

전략 적용

1 문단의 중심 문장은 무엇인가요? ( )

내용
이해

① 계정은 인터넷 사이트에 가입할 때 정하는 이름이에요.

② 인터넷 사이트를 이용하려면 계정과 비밀번호가 필요해요.

③ 그리고 비밀번호는 그 계정을 사용할 수 있는 열쇠와 같아요.

④ 다른 사람이 내 계정의 비밀번호를 알면, 내가 아니더라도 계정을 사용할 수 있어요.

⑤ 그러니 다른 사람이 내 계정을 함부로 쓰지 못하도록 비밀번호를 잘 관리해야 해요.

3 다음은 이 글의 내용을 정리한 것입니다. ( )에서 알맞은 낱말을 골라 ○표 하세요.

구조
파악

비밀번호
관리 방법

비밀번호를 다른 사람이 추측하기 (1)(쉽게 / 어렵게) 만들기

인터넷 사이트마다 비밀번호를 (2)(같게 / 다르게) 설정하기

비밀번호를 주기적으로 (3)(바꾸기 / 외우기)

4 이 글을 읽고 비밀번호를 관리할 계획을 바르게 세운 친구의 이름을 쓰세요.

창의

도희: 한번 설정한 비밀번호는 되도록 오래 사용하는 것이 좋겠어.

현수: 비밀번호를 만들 때 같은 숫자가 반복되지 않도록 주의해야지.

진아: 내 생일인 4월 1일을 넣어서 비밀번호를 만들면 기억하기 쉬울 거야.

( )

⚡ 어떻게 알았나요?

나와 ☐☐ 이 없는 비밀번호를 만들어야 계정을 안전하게 지킬 수 있어요.

어휘 익히기

1 다음 낱말의 뜻으로 알맞은 것을 찾아 선으로 이으세요.

(1) 관리해야 •

(2) 존중한다는 •

(3) 풍부해지는 •

• ① 넉넉하고 많아지는.

• ② 어떤 일을 책임지고 맡아 처리해 야.

• ③ 의견이나 사람을 높이어 귀중하 게 여긴다는.

2 빈칸에 알맞은 낱말을 보기 에서 찾아 쓰세요.

보기	무사히	번갈아	저장해

(1) 무거운 상자를 친구와 ☐☐☐ 가면서 들었다.

(2) 옛날에는 김치를 항아리에 ☐☐☐ 두고 먹었다.

(3) 길이 험했지만 다친 사람 없이 ☐☐☐ 등산을 마쳤다.

3 밑줄 친 낱말이 알맞게 쓰이지 않은 것에 ∨표 하세요.

(1) 산이 온통 하얗게 노출될 만큼 눈이 많이 내렸다. ☐

(2) 할머니와 할아버지께 공손히 대하는 것이 예의이다. ☐

(3) 이 식물은 일주일에 한 번씩 주기적으로 물을 주어야 한다. ☐

4 '견디다'와 뜻이 비슷한 낱말을 보기 에서 찾아 쓰세요.

비슷한 말

보기   인내하다   인색하다   인자하다   인정하다

버티다   참다

견디다
뜻 힘들거나 어려운 것을
버티며 살아 나가다.

5 다음을 읽고, (   )에서 알맞은 낱말을 골라 〇표 하세요.

헷갈리는 말

다르다	틀리다
뜻 두 개의 대상이 서로 같지 않다.	뜻 계산이나 답, 사실 등이 맞지 않다.
	1+1= 3

(1) 문어와 오징어는 다리의 개수가 (다르다 / 틀리다).

(2) 쉬운 문제는 (다르고 / 틀리고) 오히려 어려운 문제를 맞혔다.

읽기 전략 2

설명하는 대상의 특징 찾기

개념 이해
토끼는 오늘 아침에 당근을 훔쳐 간 염소에 대해 설명하고 있어요. 토끼의 설명을 잘 이해해서 당근 도둑을 잡으려면 어떻게 해야 할까요? 토끼가 설명하는 염소의 특징을 정확하게 알아야겠지요. 어떤 대상을 설명하는 글을 읽을 때에도 마찬가지예요. 글을 읽고 내용을 잘 파악하기 위해서는 글에서 설명하는 대상의 특징을 살펴보아야 한답니다.

이렇게 해요!

① 글에서 설명하는 대상을 찾아요.

② 설명하는 대상의 특징을 살펴보아요. 설명하는 대상의 모양, 색깔, 크기, 재료, 쓰임새 등이 특징이 될 수 있어요.

 <u>죽부인</u>은 속이 비어 있고, 구멍이 숭숭 뚫려 있어요. 여름에
설명 대상 　　　　　　　설명 대상의 특징 ① 모양
죽부인을 껴안고 자면 바람이 통해 시원해요.
　　　　설명 대상의 특징 ② 쓰임새

설명하는 대상은
글에 자주 나오는
낱말인 경우가 많아!

확인 문제

■ 다음 글을 읽고, 끈끈이주걱에 대한 설명으로 알맞지 <u>않은</u> 것에 ✕표 하세요.

끈끈이주걱은 벌레를 잡아먹는 신기한 식물이에요. 주걱처럼 생긴 끈끈이주걱의 잎에는 수많은 털이 있어요. 그리고 털끝에는 끈적끈적한 물방울이 매달려 있지요. 벌레들은 이 물방울을 꿀이라고 생각해서 찾아왔다가 털에 달라붙어요. 벌레가 꼼짝없이 붙잡혀 있는 사이에, 끈끈이주걱은 잎을 안쪽으로 오므려서 벌레를 잡아먹어요. 벌레를 다 먹은 끈끈이주걱은 다시 잎을 벌려 다른 벌레를 잡아먹을 준비를 해요.

끈끈이주걱이 어떻게 벌레를
잡아먹는지 살펴보자.

(1) 주걱처럼 생긴 잎에 수많은 털이 있다. 　　　　　　(　　)

(2) 털끝에 벌레들이 먹는 꿀이 매달려 있다. 　　　　　(　　)

(3) 잎을 안쪽으로 오므려서 벌레를 잡아먹는다. 　　　　(　　)

1 우리는 멋진 친구

생활 | 760자

📖 교과 연계
세계 2-1 서로 존중해요

안녕하세요? 저는 2학년 1반 박민우입니다. 저와 알리는 7월 9일 '친구 사랑의 날'에 멋진 친구로 뽑혔습니다. 처음 알리와 만났을 때, 저는 알리를 어떻게 대해야 할지 몰라 어색했습니다. 하지만 지금 저희는 가장 친한 친구가 되었습니다. 제 친구 알리를 소개하겠습니다.

알리의 부모님은 태어난 나라가 서로 다릅니다. 알리의 엄마는 한국 사람이고, 알리의 아빠는 사우디아라비아 사람입니다. 알리의 엄마는 사우디아라비아를 여행하다가 알리의 아빠를 만났다고 합니다. 알리의 아빠는 알리의 엄마와 결혼하여 함께 살기 위해 한국으로 왔습니다. 알리는 엄마의 한국 성을 따라 '정알리'가 되었습니다.

알리는 아빠 나라의 문화를 존중하여 돼지고기를 먹지 않습니다. 대신 여러 가지 나물을 듬뿍 넣은 비빔밥을 좋아합니다. 알리네 집에 가면 알리의 엄마께서 맛있는 비빔밥을 만들어 주십니다. 비빔밥을 먹고 나면 사우디아라비아에서 유명한 말린 대추야자를 간식으로 먹습니다. 말린 대추야자는 정말 달콤합니다.

▲ 말린 대추야자

알리는 저와 함께 태권도를 배우고 있습니다. 저는 알리에게 태권도는 우리나라 °고유의 °무술이라고 알려 주며 태권도 °시범을 보여 주었습니다. 알리는 태권도에 관심을 보이더니 저를 따라 태권도를 배우기 시작했습니다. 알리는 사우디아라비아에 계신 할아버지, 할머니께 보여 드리려고 태권도를 열심히 연습합니다.

알리와 저는 피부색도 다르고 부모님의 나라도 다릅니다. 하지만 ㉠저희는 서로의 다른 점을 이해하고 존중합니다. 그래서 누구보다 두터운 우정을 나누는 멋진 친구가 되었습니다.

어휘 풀이

□ **고유** 한 사물이나 집단 등이 본래부터 지니고 있는 특별한 것.
□ **무술** 몸을 움직이거나 무기를 사용하여 상대를 공격하거나 상대의 공격을 막는 기술.

□ **시범** 모범이 되는 본보기를 보임.

1

중심
생각

민우가 이 글을 쓴 까닭이 무엇인지 빈칸에 알맞은 말을 쓰세요.

자신의 친구인 [ ][ ] 를 소개하려고

전략 적용

2

내용
이해

알리에 대한 설명으로 알맞지 <u>않은</u> 것에 ✕표 하세요.

(1) 민우와 함께 태권도를 배우고 있다. ( )

(2) 여러 가지 나물을 넣은 비빔밥을 좋아한다. ( )

(3) 아빠는 한국 사람이고 엄마는 사우디아라비아 사람이다. ( )

💡 어떻게 알았나요?

알리는 [ ][ ] 의 한국 성을 따라 '정알리'가 되었어요.

3

내용
이해

이 글에서 민우가 겪거나 한 일이 <u>아닌</u> 것은 무엇인가요? ( )

① 알리네 집에서 말린 대추야자를 먹었다.

② 알리와 함께 '친구 사랑의 날'에 멋진 친구로 뽑혔다.

③ 알리네 할아버지, 할머니께 태권도 시범을 보여 주었다.

④ 알리에게 태권도가 우리나라 고유의 무술이라고 알려 주었다.

⑤ 알리와 처음 만났을 때 알리를 어떻게 대해야 할지 몰라 어색했다.

4

창의

㉠의 내용으로 보아, 다음 상황에서 민우가 할 말로 알맞은 것에 ◯표 하세요.

> 알리: 오늘 점심 급식으로 돼지고기가 나온대. 나는 돼지고기가 들어간 음식은
> 안 받을 거야.
>
> 민우: [   ]

(1) 돼지고기가 얼마나 맛있는데! 그러지 말고 한 입만 먹어 봐. ( )

(2) 그렇게 해. 돼지고기를 먹지 않는 것이 사우디아라비아의 문화잖아. ( )

(3) 돼지고기를 싫어한다고 해서 편식하면 안 돼. 음식을 골고루 먹어야지. ( )

2 무당벌레는 어떤 곤충일까?

과학 | 764자

📖 교과 연계
과학 3-1 동물의 생활

무당벌레는 우리나라의 산과 들 어디에서나 흔히 볼 수 있는 곤충이에요. 무당벌레의 몸통은 그릇을 엎어 놓은 것처럼 동그란 모양이고, 크기는 새끼 손톱만큼 작아요.

▲ 무당벌레

무당벌레는 화려한 색깔의 딱지날개를 가지고 있어요. 무당벌레 하면 빨간 바탕에 검은 점이 콕콕 박힌 껍데기가 떠오를 거예요. 이것이 무당벌레의 딱지날개예요. 단단한 딱지날개 안에는 얇고 부드러운 속날개가 있어요. 무당벌레는 딱지날개와 속날개를 활짝 펴서 하늘로 날아올라요.

무당벌레는 진딧물을 먹고 살아요. 진딧물은 식물의 즙을 빨아 먹어 식물을 시들게 만드는 해로운 곤충이에요. 그래서 농부들이 기르는 농작물에 진딧물이 많아지면 큰 피해가 생겨요. 무당벌레는 이러한 진딧물을 하루에 150마리 이상 잡아먹어 농작물이 잘 자라도록 도와주어요. 농부들은 논밭에 농약을 뿌리지 않고 무당벌레를 풀어 진딧물을 없애기도 한답니다.

신기하게도 무당벌레는 ㉠언제나 위로 올라가려는 습성이 있어요. 손 위에 무당벌레를 올려놓으면 손바닥에서 빙빙 돌다가 손가락 끝으로 올라가요. 그러다 더 이상 오를 곳이 없으면 하늘을 향해 날아가지요. 무당벌레에게 이러한 습성이 생긴 이유는 먹이인 진딧물이 식물의 꼭대기 주위에 많이 모여 있기 때문이에요.

무당벌레에게도 적이 있어요. 새, 도마뱀, 거미 등이지요. 무당벌레는 적을 만나면 몸을 움츠린 채 바닥으로 굴러떨어져요. 그리고 가만히 죽은 척을 하면서 적이 떠나기를 기다려요. 이때 다리에서 노란색 액체를 내뿜기도 해요. 이 액체는 냄새가 아주 지독해서 적이 가까이 다가오지 않아요.

어휘 풀이

☐ **진딧물** 식물에 붙어 즙을 빨아 먹는 곤충.

☐ **피해** 생명이나 신체, 재산, 명예 등에 손해를 입음.

☐ **농약** 농작물에 해로운 벌레, 잡초 등을 없애는 약품.

☐ **습성** 같은 종류의 동물에서 공통되는 생활 방식.

☐ **움츠린** 몸이나 몸의 일부를 오므려 작아지게 한.

1

내용
이해

무당벌레에 대한 설명으로 알맞지 <u>않은</u> 것은 무엇인가요?　(　　　)

① 진딧물을 먹고 산다.

② 우리나라의 산과 들에서 흔히 볼 수 있다.

③ 빨간 바탕에 검은 점이 박힌 속날개를 가지고 있다.

④ 몸통은 동그란 모양이고 크기는 새끼손톱만큼 작다.

⑤ 적을 만나면 몸을 움츠린 채 바닥으로 굴러떨어진다.

2

내용
이해

농부들에게 진딧물과 무당벌레가 각각 어떤 곤충인지 찾아 선으로 이으세요.

(1)　진딧물　•

(2)　무당벌레　•

•①　식물을 시들게 만드는 해로운 곤충

•②　농작물이 잘 자라도록 도와주는 곤충

어떻게 알았나요?

농부들은 농약을 뿌리지 않고 무당벌레를 풀어 □□□ 을 없애기도 해요.

3

✹ 추론

이 글을 읽고, ㉠에 대해 든 생각을 알맞게 말한 친구의 이름을 쓰세요.

> 미도: 무당벌레는 위로 기어가다가 먹이가 없으면 다시 아래로 내려갈 거야.
>
> 빈수: 무당벌레는 먹이가 많은 곳을 찾다가 위로 움직이는 습성이 생긴 거야.
>
> 나경: 무당벌레는 날아다니는 벌레를 먹기 때문에 하늘을 향해 날아가는 거야.

(　　　　　)

4

창의

이 글을 읽고, 다음 사진 속 무당벌레에 대해 알맞게 설명한 것에 ○표 하세요.

(1) 먹이를 잡기 위해 노란색 액체를 내뿜고 있다.　(　　)

(2) 적이 떠나기를 기다리며 죽은 척을 하고 있다.　(　　)

(3) 다른 무당벌레를 만나서 바닥으로 굴러떨어졌다.　(　　)

3

통조림이 만들어지기까지

과학 | 746자

과일이나 생선, 고기 등을 깡통에 넣어 오래 보관할 수 있게 만든 것을 '통조림'이라고 해요. 슈퍼마켓에 가면 파인애플, 참치, 햄 등 다양한 종류의 통조림을 볼 수 있지요. 통조림은 냉장고에 넣지 않아도 오랫동안 두고 먹을 수 있어요. 이렇게 편리한 통조림은 어떻게 만들어졌을까요?

통조림의 시작은 프랑스의 아페르가 만든 병조림이었어요. 아페르는 유리병에 음식을 채우고 병째로 끓는 물에 넣어서 뜨겁게 데웠어요. 그리고 식기 전에 코르크 마개로 입구를 막아 밀봉했어요. 이렇게 하면 병을 데울 때 음식 속에 있던 세균이 죽는 데다가, 입구로 세균이 들어가지 못해 음식이 잘 상하지 않았어요. 아페르의 병조림은 음식을 3주 정도 보관할 수 있었어요.

하지만 유리병을 사용한 병조림은 무겁다는 단점이 있었어요. 또, 다른 물건과 부딪히거나 땅에 떨어지면 쉽게 깨졌어요. 때로는 ㉠코르크 마개로 막은 입구가 완전히 밀봉되지 않아서, 안에 든 음식이 상해 버리기도 했어요.

이와 같은 병조림의 단점을 해결한 사람은 영국의 듀런드였어요. 듀런드는 양철 깡통에 음식을 담아 밀봉하는 방식의 통조림을 개발했어요. 양철 깡통으로 만든 통조림은 가볍고 잘 깨지지 않았어요. 그리고 병조림보다 음식을 오래 보존할 수 있었어요. 병조림을 보완한 통조림의 시대가 열린 거예요.

이후로도 통조림은 계속 발전했어요. 듀런드가 처음 만든 통조림은 망치를 이용해 뚜껑을 따야 하는 불편함이 있었어요. 하지만 지금은 뚜껑에 고리가 달려 있어 손쉽게 뚜껑을 열 수 있어요.

어휘 풀이

□ **코르크 마개** 코르크나 무의 껍질을 작게 잘라 만든 마개.

□ **밀봉했어요** 안에 든 것이 밖으로 나오거나 다른 것이 안으로 들어갈 수 없도록 틈을 막아 단단히 붙였어요.

□ **보존할** 중요한 것을 잘 보호하여 그대로 남길.

□ **보완한** 모자라거나 부족한 것을 보충하여 완전하게 한.

□ **발전했어요** 더 좋은 상태나 더 높은 단계로 나아갔어요.

1 이 글을 읽고 알 수 있는 내용으로 알맞은 것에 ○표 하세요.

내용
이해

(1) 통조림의 장점   (   )

(2) 통조림의 다양한 모양   (   )

(3) 통조림 뚜껑의 고리를 만든 사람   (   )

2 다음은 병조림과 통조림을 비교한 것입니다. 빈칸에 알맞은 말을 쓰세요.

내용
이해

	병조림	통조림
만든 사람	(1) ☐☐☐ 의 아페르	영국의 듀런드
음식을 담는 용기	유리병	(2) ☐☐ 깡통

전략 적용

3 다음 중 병조림에 대한 설명으로 알맞은 것을 두 개 찾아 기호를 쓰세요.

내용
이해

㉮ 가볍고 잘 깨지지 않는다.   ㉯ 망치를 이용해 뚜껑을 딴다.

㉰ 입구를 코르크 마개로 막는다.   ㉱ 음식을 3주 정도 보관할 수 있다.

(,   )

4 ㉠의 까닭을 알맞게 짐작한 친구의 이름을 쓰세요.

★ 추론

현우: 유리병 안으로 바깥의 공기가 드나들지 못했기 때문이야.

태선: 유리병이 뜨거워서 음식 속에 있던 세균이 모두 죽었기 때문이야.

지헌: 입구에 생긴 틈을 통해 세균이 유리병 안으로 들어갔기 때문이야.

(   )

💡 어떻게 알았나요?

밀봉한 병조림은 입구로 ☐☐ 이 들어가지 못해 음식이 잘 상하지 않았어요.

1 다음 낱말의 뜻으로 알맞은 것을 찾아 선으로 이으세요.

(1) 보완한 •

(2) 움츠린 •

(3) 밀봉했어요 •

• ① 몸이나 몸의 일부를 오므려 작아지게 한.

• ② 모자라거나 부족한 것을 보충하여 완전하게 한.

• ③ 안에 든 것이 밖으로 나오거나 다른 것이 안으로 들어갈 수 없도록 틈을 막아 단단히 붙였어요.

2 빈칸에 알맞은 낱말을 보기 에서 찾아 쓰세요.

보기   무술   습성   시범

(1) 송사리들은 떼를 지어 움직이는 ☐☐ 이 있다.

(2) 미술 선생님께서 직접 붓으로 색칠하는 ☐☐ 을 보여 주셨다.

(3) 유도는 두 사람이 맨손으로 맞잡고 상대방을 넘어뜨리는 ☐☐ 이다.

3 밑줄 친 낱말이 알맞게 쓰이지 않은 것에 ∨표 하세요.

(1) 자동차 대신 자전거를 타면 환경을 보존할 수 있다. ☐

(2) 한복은 우리나라 사람들이 옛날부터 입었던 고유의 옷이다. ☐

(3) 의사가 되어 아픈 사람들에게 피해를 주는 사람이 되고 싶다. ☐

4 '단점', '해롭다'와 뜻이 반대되는 낱말을 보기 에서 찾아 각각 쓰세요.

반대되는
말

| 보기 | 약점 | 장점 | 이롭다 | 이루다 |

단점
뜻 잘못되고 모자라는 점.

↔

(1) ☐☐
뜻 좋거나 잘하거나 바람직한 점.

해롭다
뜻 해가 되는 점이 있다.

↔

(2) ☐☐☐
뜻 도움이나 이익이 되다.

5 다음을 읽고, (   )에서 알맞은 낱말을 골라 ○표 하세요.

헷갈리는
말

두껍다	두텁다
뜻 두께가 보통의 정도보다 크다.	뜻 믿음, 관계, 인정 등이 굳고 깊다.
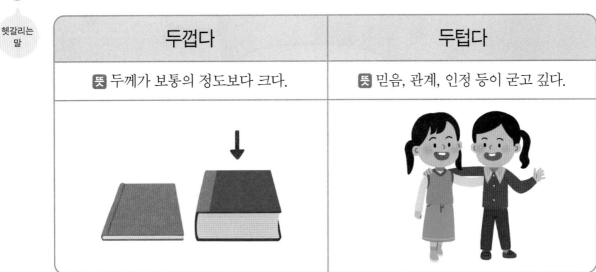	

(1) 부모님은 나에 대한 사랑이 (두껍다 / 두텁다).

(2) 날씨가 추워서 (두꺼운 / 두터운) 옷을 꺼내 입었다.

인물의 마음 변화 알기

개념 이해   도끼가 연못에 빠졌을 때 나무꾼의 마음은 어땠을까요? 울면서 "맙소사,
이제 나무를 어떻게 베지?"라고 말하는 것을 보면, 슬프고 막막한 마음이
들었음을 알 수 있어요. 그런데 산신령이 나타나 도끼를 찾아 준다고 하자,
나무꾼은 활짝 웃으며 "다행이다!"라고 말해요. 도끼를 찾게 되어 기쁘고
다행스러운 마음이 든 것이지요. 이처럼 이야기 속 **인물의 마음**은 인물이
처한 상황에 따라 변한답니다.

이렇게 해요!

① 인물의 말과 행동, 인물이 한 일을 살피며 인물의 마음을 파악해요.

② 인물이 처한 상황에 따라 인물의 마음이 어떻게 바뀌는지 알아보아요.

> 어떤 상황에서 인물이 느끼는 기분을 '인물의 마음'이라고 해!

확인 문제

■ 다음 글을 읽고, ㉠과 ㉡에서 사자가 느낀 마음으로 알맞은 것을 (   )에서 골라 ○표 하세요.

> 사자가 ㉠에서 눈물을 흘린 까닭과 ㉡에서 눈을 반짝인 까닭을 생각해 봐.

강아지 토토는 사자의 콧등을 콱 물었어요. 그러자 사자가 소리를 질렀어요.

"으앙, 무서워! 제발 나를 놓아줘!"

㉠사자는 벌벌 떨면서 눈물까지 흘렸어요. 도로시는 사자가 자기보다 훨씬 작은 토토를 무서워하는 것이 신기했어요.

"너는 사자면서 왜 그렇게 겁이 많니?"

"모르겠어. 난 태어날 때부터 겁쟁이였는걸."

몸을 벌벌 떠는 사자에게 양철 나무꾼이 말했어요.

"우리는 마법사 오즈에게 소원을 빌러 가고 있어. 너도 우리와 함께 가자!"

"정말? 그럼 나는 용기를 달라고 할래."

㉡사자는 용맹하게 으르렁거리는 자신을 상상하며 눈을 반짝였어요.

— 라이먼 프랭크 바움, 『오즈의 마법사』 중

사자의 마음	㉠	㉡
	(1)(무섭다 / 흐뭇하다).	(2)(설렌다 / 창피하다).

다르게 생겨도 괜찮아

동화 | 759자

옛날에 네모난 색종이들이 모여 사는 마을이 있었어요. 빨간색, 파란색, 초록색 등 색깔은 저마다 달랐지만 모두 네모난 색종이 마을에서 함께 살아가고 있었어요.

어느 날, 네모 색종이들이 다니는 학교에 새로운 친구가 전학을 왔어요. 그런데 그 친구는 네모 색종이가 아닌 노란색 세모 색종이였어요. 노란색 세모는 네모 친구들 사이에서 유난히 눈에 띄었어요. 네모 색종이들은 노란색 세모를 보고 인상을 쓰며 말했어요.

"어라, 쟤는 왜 우리랑 다르게 생겼지?"

"너는 우리랑 놀 수 없어. 저리 가!"

네모 색종이들은 노란색 세모를 멀리 했어요. 다른 친구들과 친해지고 싶었던 노란색 세모는 속상해서 혼자 훌쩍훌쩍 울었어요.

"흑흑, 나도 다른 아이들처럼 네모 색종이였다면 좋았을 텐데⋯⋯."

그때 검은색 네모가 노란색 세모에게 다가왔어요.

"울지 마. 너는 우리랑 다르게 생겼지만 너대로 충분히 멋져."

"정말이니? 위로해 주어서 고마워."

검은색 네모의 말에 노란색 세모는 눈물을 닦고 미소를 지었어요. 검은색 네모는 멋쩍은 듯이 말했어요.

"나도 한때 색깔이 까맣다는 이유로 친구들에게 놀림을 받았거든. 너를 보니 예전의 내 모습이 떠올랐어. 우리 친구가 되지 않을래?"

"좋아!"

다음 날, 학교에 온 검은색 네모를 보고 모두가 놀랐어요. 검은색 네모는 세모 모양을 하고 있었어요. 네모난 몸을 반으로 접어 세모가 된 거예요! 그러니 이젠 세모라고 불러야겠네요. 검은색 세모는 환하게 웃으며 말했어요.

"좋아하는 친구끼리는 서로 닮는 거래."

노란색 세모도 함께 마주 보며 웃었어요.

어휘 풀이

☐ **전학** 다니던 학교에서 다른 학교로 옮겨 감.

☐ **유난히** 상태나 성격, 행동 등이 보통과 아주 다르게.

☐ **인상을 쓰며** 사나운 표정을 지으며.

☐ **멋쩍은** 어색하고 쑥스러운.

1 이 글의 내용으로 알맞지 <u>않은</u> 것에 ✕표 하세요.

내용
이해

(1) 검은색 네모가 노란색 세모에게 친구가 되자고 말했다. ( )

(2) 네모 색종이들이 다니는 학교에 노란색 세모가 전학을 왔다. ( )

(3) 검은색 네모는 한때 네모라는 이유로 친구들에게 놀림을 받았다. ( )

---

2 전략 적용

다음 상황에서 노란색 세모가 느낀 마음으로 알맞은 것을 찾아 선으로 이으세요.

내용
이해

(1) 네모 색종이들이 자신을 멀리했다. •   • ① 속상한 마음

(2) 검은색 네모가 다가와 위로해 주었다. •   • ② 고마운 마음

---

3 '다음 날'에 온 검은색 네모의 모습으로 알맞은 것에 ○표 하세요.

★ 추론

(1)   (2)   (3)

( )   ( )   ( )

💡 어떻게 알았나요?

검은색 네모는 네모난 몸을 반으로 접어 [ ][ ] 가 되었어요.

---

4 이 글을 읽고 든 생각을 알맞게 말하지 <u>못한</u> 친구의 이름을 쓰세요.

창의

> 유나: 노란색 세모처럼 친구가 하는 행동을 무조건 따라 하는 게 좋겠어.
> 현태: 네모 색종이들처럼 자신과 다르게 생겼다고 놀리거나 멀리하면 안 돼.
> 지훈: 검은색 네모처럼 친구의 마음을 어루만지는 따뜻한 사람이 되고 싶어.

( )

농부와 독수리 | 이솝

동화 | 773자

한 농부가 밭일을 마치고 집으로 돌아가고 있었습니다. 길을 걷던 농부는 어디선가 들리는 소리에 걸음을 멈추었습니다. 소리가 나는 곳으로 가 보니, 독수리가 덫에 걸려 날개를 푸드덕거리고 있었습니다.

"저런, 불쌍해라. 너무 아프겠구나."

농부는 덫을 풀어 독수리를 구해 주었습니다. 독수리는 농부의 머리 위를 빙빙 돌더니 하늘 높이 날아갔습니다.

며칠 뒤, 농부는 여느 때와 다름없이 땀을 흘리며 열심히 밭을 일구고 있었습니다. 그러다 잠시 쉬려고 커다란 돌담 아래로 갔습니다. 농부는 돌담에 등을 기대고 누웠습니다. 그리고 모자를 얼굴 위에 올려놓은 채 낮잠을 자기 시작했습니다. 얼마 지나지 않아 웬 독수리가 나타나더니 농부의 모자를 물고 날아갔습니다.

"아니, 이게 무슨 일이야?"

잠에서 깬 농부가 눈을 번쩍 뜨고 독수리를 쳐다보았습니다. 며칠 전에 농부가 구해 준 독수리였습니다. 화가 난 농부는 독수리를 쫓아가며 소리쳤습니다.

"구해 준 은혜를 갚기는커녕 모자를 빼앗아 가다니! 내 모자를 돌려줘!"

독수리는 돌담에서 멀리 떨어진 곳에 모자를 떨어뜨렸습니다. 농부는 투덜거리며 걸어가 모자를 줍고는 다시 돌담 쪽을 향해 걸음을 내딛었습니다. 그런데 갑자기 눈앞에서 돌담이 흔들리더니 우르르 무너졌습니다.

"이럴 수가, 하마터면 큰일 날 뻔했잖아!"

농부가 계속 돌담 아래에서 자고 있었다면, 농부는 꼼짝없이 죽을 목숨이었습니다. 농부는 그제야 독수리가 자신을 살려 주었다는 사실을 깨달았습니다. 농부는 독수리가 날아간 하늘을 바라보며 말했습니다.

"네가 내 목숨을 구했구나. 정말 고맙다!"

어휘 풀이

- □ **덫** 짐승을 꾀어 잡는 도구.
- □ **여느** 특별하지 않은 그 밖의.
- □ **일구고** 농사를 짓기 위해 땅을 파서 흙을 뒤집고.
- □ **돌담** 돌로 쌓아 만든 담.

- □ **꼼짝없이** 현재의 상태를 벗어날 방법이 전혀 없이.

1 농부가 한 일로 알맞지 <u>않은</u> 것은 무엇인가요? (   )

내용
이해

① 돌담에 등을 기대고 누웠다.

② 덫을 풀어 독수리를 구해 주었다.

③ 독수리가 떨어뜨린 모자를 주웠다.

④ 땀을 흘리며 열심히 밭을 일구었다.

⑤ 독수리가 돌담으로 돌아오기를 기다렸다.

2

전략 적용

이 글에서 농부의 마음이 변화한 순서에 맞게 기호를 쓰세요.

내용
이해

> ㉮ 목숨을 구해 준 독수리에게 고마웠다.
>
> ㉯ 덫에 걸린 독수리가 아파 보여서 안쓰러웠다.
>
> ㉰ 자신의 모자를 독수리가 물고 날아가서 화가 났다.

(   ) → (   ) → (   )

3 독수리가 농부의 모자를 빼앗은 까닭을 알맞게 짐작한 친구의 이름을 쓰세요.

★ 추론

> 재우: 돌담이 무너지기 전에 농부를 안전한 곳으로 데려가기 위해서야.
>
> 현지: 돌담 아래에서 깊이 잠든 농부를 깨워 고맙다는 인사를 하기 위해서야.
>
> 소희: 돌담 근처에 더 넓은 밭이 있다는 사실을 농부에게 알려 주기 위해서야.

(   )

💡 어떻게 알았나요?

독수리는 돌담에서 [   ][   ] 떨어진 곳에 모자를 떨어뜨렸어요.

4 이 글을 통해 얻을 수 있는 교훈으로 알맞은 것에 ○표 하세요.

창의

(1) 부지런히 노력하면 좋은 결과가 생긴다.   (   )

(2) 남을 도우면 자신에게 좋은 일로 돌아온다.   (   )

(3) 정직하게 살면 다른 사람에게 믿음을 얻는다.   (   )

수박에서 나온 당나귀

옛날 한 마을에 농부가 살고 있었어요. 어느 날 시장에 간 농부는 난생처음 수박을 보고, 수박 장수에게 물었어요.

"이 크고 둥근 것은 뭐요?"

수박 장수는 농부를 놀려 주려고 거짓말을 했어요.

"당나귀 알입니다. 따뜻한 이불 속에 며칠만 두면 당나귀가 나오지요."

"이 알만 있으면 당나귀를 얻을 수 있겠구려."

농부는 가지고 있던 돈을 모두 주고 수박을 샀어요. 집에 온 농부는 이불 속에 수박을 넣어 두고 당나귀가 태어나기를 기다렸어요. 며칠 뒤에 이불을 들추어 보았더니, 당나귀는 없고 썩은 수박에서 고약한 냄새만 풀풀 나고 있었어요. 농부의 아내가 코를 막으며 말했어요.

"아이고, 알이 썩었나 봐요. 얼른 내다 버려요."

㉠"이상하다. 이렇게 하면 당나귀가 나온다고 했는데……."

농부는 고개를 갸웃거리며 썩은 수박을 들고 나갔어요. 그리고 근처에 있는 수풀에 휙 던졌어요. 그런데 때마침 수풀 속에서 자고 있던 이웃집 당나귀가 깜짝 놀라 튀어나왔어요.

"드디어 당나귀가 태어났구나!"

㉡농부는 싱글벙글 웃으며 당나귀를 집으로 데려왔어요. 농부와 아내는 당나귀를 집 마당에 묶어 놓았어요.

한편, 당나귀 주인은 사라진 당나귀를 찾고 있었어요. 그러다가 농부네 집 마당에 묶여 있는 당나귀를 발견했어요.

"아니, 왜 남의 당나귀를 데려간 거요? 돌려주시오."

"이 당나귀는 내 당나귀요. 내가 산 당나귀 알에서 나왔단 말이오."

농부의 말에 당나귀 주인이 배꼽을 잡고 웃었어요.

"하하, 세상에 알에서 태어나는 당나귀가 어디 있단 말이오!"

농부는 그제야 수박 장수에게 속은 것을 깨달았어요. ㉢농부는 붉게 달아오른 얼굴을 푹 숙였답니다.

어휘 풀이

- **난생처음** 세상에 태어나서 첫 번째.
- **들추어** 속이 드러나게 들어 올려.
- **고약한** 맛, 냄새 등이 역하거나 매우 좋지 않은.
- **수풀** 풀, 나무, 덩굴 등이 같이 얽혀 있는 곳.

동화 | 791자

34 용선생 추론독해

1 농부가 수박을 무엇으로 알고 샀는지 빈칸에 알맞은 말을 쓰세요.

내용
이해

2 ㄱ~ㄷ에서 농부가 느낀 마음으로 알맞은 것을 찾아 선으로 이으세요.

전략 적용

내용
이해

(1) ㉠ •

(2) ㉡ •

(3) ㉢ •

• ① 당나귀를 얻어서 기쁘다.

• ② 알에서 당나귀가 나오지 않아 당황스럽다.

• ③ 당나귀가 알에서 태어난다고 믿었던 것이 부끄럽다.

3 이 글을 읽고 짐작한 내용으로 알맞지 <u>않은</u> 것에 ✕표 하세요.

★ 추론

(1) 농부가 수박 장수의 말을 따르지 않아 수박이 썩었다. ( )

(2) 아내는 농부가 사 온 물건이 수박이라는 사실을 알지 못했다. ( )

(3) 농부는 수풀에 던진 썩은 수박에서 당나귀가 태어났다고 생각했다. ( )

💡 어떻게 알았나요?

아내는 수박에서 고약한 냄새가 나자 "⬚이 썩었나 봐요."라고 말했어요.

4 다음은 이 글에 나온 인물에게 하는 말입니다. 누구에게 하는 말일지 찾아 ◯표 하세요.

평가

"다른 사람을 속이고 거짓말을 하면 안 돼. 장난으로 한 말이라도 나중에는 거짓말이었다고 솔직하게 말했어야지."

농부   아내   수박 장수   당나귀 주인

어휘 익히기

1 다음 낱말의 뜻으로 알맞은 것을 찾아 선으로 이으세요.

(1) 고약한 •

(2) 멋쩍은 •

(3) 일구고 •

• ① 어색하고 쑥스러운.

• ② 맛, 냄새 등이 역하거나 매우 좋지 않은.

• ③ 농사를 짓기 위해 땅을 파서 흙을 뒤집고.

2 빈칸에 알맞은 낱말을 보기 에서 찾아 쓰세요.

보기   수풀   여느   전학

(1) 오늘은 □□ 때와 달리 놀이터에 친구들이 없었다.

(2) 멀리 이사를 해서 새로운 학교로 □□ 을 가야 한다.

(3) 그 산에는 사람이 잘 가지 않아 □□ 이 우거져 있다.

3 밑줄 친 낱말이 알맞게 쓰이지 않은 것에 ∨표 하세요.

(1) 오늘따라 하늘이 유난히 맑고 푸르다.   □

(2) 불이 났지만 꼼짝없이 사람은 다치지 않았다.   □

(3) 아이들이 시냇물에서 돌을 들추어 가재를 찾았다.   □

4 '모두'와 뜻이 비슷한 낱말을 보기 에서 찾아 쓰세요.

비슷한 말

보기   마구   아예   전부   전혀

☐☐

↓

모두
뜻 빠짐없이 다.

모조리 ╱   ╲ 남김없이

5 다음을 읽고, 밑줄 친 말이 어울리는 상황에 ∨표 하세요.

관용 표현

얇은 천이나 종이는 바람에 이리저리 휘날려요. 반면에 두꺼운 벽은 바람이 세게 불어도 절대 흔들리지 않지요. 그래서인지 옛날부터 남이 하는 말에 이리저리 휩쓸리는 사람을 가리켜 귀가 얇다고 했어요. 남들이 말하는 대로 이랬다저랬다 하는 모습을 보고, 얇은 귀가 팔랑거리는 모습을 떠올렸나 봐요. 이렇듯 '귀가 얇다.'는 남의 말을 쉽게 받아들이는 것을 뜻해요.

(1) 집 앞에서 연예인을 보았다는 친구의 말을 믿지 않는 상황. ☐

(2) 친구가 새로 산 필통이 좋다고 말하자 그것을 곧바로 따라 산 상황. ☐

장면 떠올리며 읽기

개념 이해

민지는 겨울 방학 때 겪었던 일을 그리고 있어요. 친구와 재미있게 눈싸움하는 모습, 눈이 내리는 풍경, 미소를 띤 눈사람을 그림에 생생하게 담았네요.

시를 읽으며 장면을 떠올리는 것은 시의 내용을 머릿속에 그림으로 그려 보는 것과 같아요. 시에서 누가 무엇을 하고 있는지, 시 속 인물의 마음은 어떠한지를 생각하면서 장면을 떠올려 보아요.

이렇게 해요!

① 시를 천천히 읽으며 내용을 살펴보아요.

② 시의 내용과 시 속 인물의 마음을 생각하면서, 그림을 그리듯 장면을 떠올려요.

> 시의 내용과 비슷한 경험을 생각해 봐. 그럼 시의 장면이 더 생생하게 떠오를 거야!

확인 문제

■ 다음 시를 읽고 떠올린 장면으로 알맞지 <u>않은</u> 것에 ✕표 하세요.

> 시에서 고양이와 엄마가 무엇을 하고 있는지 살펴보자.

한 코 한 코
목도릴 뜨다 밀쳐놓은
털실 뭉치

야옹이가 안으려다
또그르르

다시 또 안으려다
또그르르

털실이 엉키는 줄도 모르고
야옹이는 쫓아다니면서
또그르르
또그르르

— 에그머니나, 이걸 어떡해.

엄마 걱정일랑 아랑곳 않고
야옹이는 신났다.

— 윤이현, 「야옹이는 신났다」

(1) 고양이가 털실 뭉치를 잡으려다 놓치는 장면 (   )

(2) 엄마가 엉킨 털실을 발견하고 깜짝 놀라는 장면 (   )

(3) 목도리를 뜨는 엄마 옆에서 고양이가 자고 있는 장면 (   )

꽃게 | 이성자

동시 | 133자

엄마가 사 온 꽃게
등딱지를 살짝 만졌더니

집게발을 들고
내 앞에 딱 버티는 게
만만치 않다

녀석 봐라!
집게발을 잡아 올리는데
금세 하나 뚝 떼어 내고
거실 바닥을 빠르게 도망친다

┌ 미끄러지며
│ 옆으로 옆으로
㉠ 바다가 눈앞에 보이는 듯
└ 파도 소리 귀에 들리는 듯.

어휘 풀이

□ **등딱지** 게, 거북 등의 동물의 등 부분을 덮고 있는 단단한 껍데기.

□ **집게발** 게, 가재 등의 발 중에 끝이 집게처럼 생긴 큰 발.

□ **버티는** 자리를 잡고 움직이지 않는.

□ **만만치** 힘들이지 않고 손쉽게 다룰 만하지.

□ **금세** 지금 바로.

1

내용
이해

'내'가 무엇을 하고 있는지 빈칸에 알맞은 낱말을 쓰세요.

엄마가 사 온 [ ][ ] 를 만져 보고 있다.

2

내용
이해

전략 적용

이 시를 읽고 떠올린 장면으로 알맞지 <u>않은</u> 것에 ✕표 하세요.

(1)
( )

(2)
( )

(3)
( )

💡 어떻게 알았나요?

'내'가 꽃게의 [ ][ ][ ] 을 잡아 올리자, 꽃게가 금세 하나를 떼어 내고 도망쳤어요.

3

표현
파악

이 시에 쓰인 '딱'과 '뚝'의 뜻을 알맞게 찾아 선으로 이으세요.

(1) 딱 •

(2) 뚝 •

• ① 아주 거침없이 따거나 떼는 모양.

• ② 움직이지 않고 굳세게 버티는 모양.

4

★ 추론

㉠에 나타난 '나'의 생각으로 알맞은 것은 무엇인가요? ( )

① '꽃게가 달아나기 전에 얼른 잡아야겠어.'
② '옆으로만 움직일 수 있는 꽃게가 안쓰러워.'
③ '꽃게는 원래 살던 바다로 돌아가고 싶은 것 같아.'
④ '내가 괜히 집게발을 잡아서 꽃게가 다치고 말았어.'
⑤ '나도 꽃게처럼 바다에서 파도 소리를 들으며 살고 싶어.'

2

생각지도 못했는데 | 노원호

동시 | 133자

집에 오는 길
제비꽃이 피었다는 걸
생각지도 못했는데
㉠풀숲에서 고개를 쏙 내밀고 있다.

골목길 돌아
우리 집으로 가고 있는데
참새들이 짹째글 짹째글
반겨 주더니
강아지가 뛰쳐나와
꼬리를 살래살래 흔들어 준다.

집에 들어서니
엄마도
오늘따라 나를 폭 안아 준다.

어휘 풀이

- **제비꽃** 봄에 들에서 피고 다섯 장의 꽃잎을 가진 보라색 꽃.

- **뛰쳐나와** 힘 있게 달려서 밖으로 나와.

- **살래살래** 작은 동작으로 몸의 한 부분을 가볍게 계속 가로흔드는 모양.

- **들어서니** 밖에서 안쪽으로 옮겨 서니.

전략 적용

1 이 시를 읽고 떠올린 장면으로 알맞은 것을 두 개 고르세요. (　　,　　)

내용
이해

① '내'가 골목길을 걸어가는 장면

② 참새들이 떼를 지어 날아가는 장면

③ '내'가 엄마에게 제비꽃을 주는 장면

④ 엄마가 집에 온 '나'를 안아 주는 장면

⑤ 강아지가 우리 집을 향해 짖고 있는 장면

💡 어떻게 알았나요?

강아지는 [　][　]를 살래살래 흔들어 주었어요.

2 이 시에 나온 다음 말 중 꾸며 주는 말이 <u>아닌</u> 것은 무엇인가요? (　　)

표현
파악

① 쏙　　　　　　　② 폭　　　　　　　③ 짹째글

④ 살래살래　　　　⑤ 오늘따라

3 ㉠이 나타내는 모습으로 알맞은 것에 ○표 하세요.

✱ 추론

(1) 제비꽃 꽃잎이 풀숲에 떨어지는 모습　　　　　　　　　　(　　)

(2) 풀숲 사이로 제비꽃이 피어 있는 모습　　　　　　　　　　(　　)

(3) '내'가 몸을 숙여 풀숲에서 제비꽃을 찾는 모습　　　　　　(　　)

4 이 시에서 '내'가 겪은 일과 비슷한 경험을 찾아 기호를 쓰세요.

창의

㉮ 아픈 강아지를 데리고 동물병원을 방문했던 일

㉯ 어머니의 생신을 맞아 정성껏 편지를 써서 드렸던 일

㉰ 무심코 올려다본 하늘에서 잠자리가 인사하듯 맴돌고 있었던 일

㉱ 식목일을 맞아 친구들과 함께 학교 화단에 여러 가지 꽃을 심었던 일

(　　　　)

등댓불 | 이성관

동시 | 159자

두 팔을 활짝 펴고 빙빙 돌아요
꼬올깍, 해가 지고 날이 저물면
등대는 등불 켜고 바다 저 멀리
오가는 고깃배들 길을 헤맬까
어서 오라 반겨요
길을 밝혀요.

한밤에도 혼자서 깨어 있어요
온 세상 코오코코 꿀잠 들어도
등대는 고개 들고 수평선 멀리
오가는 철새들이 길을 잃을까
여기가 육지란다
노래 불러요.

어휘 풀이

□ **저물면** 해가 져서 어두워지면.

□ **등대** 밤에 배들이 안전하게 다니도록 바닷가에 세워 불빛 신호를 보내는 높은 건물.

□ **헤맬까** 갈 방법을 몰라 이리저리 돌아다닐까.

□ **수평선** 물과 하늘이 맞닿아 경계를 이루는 선.

□ **철새** 계절에 따라 옮겨 다니며 사는 새.

□ **육지** 바다나 강이 아닌 흙이나 돌로 된 땅.

1 이 시가 노래하고 있는 것이 무엇인지 빈칸에 알맞은 낱말을 쓰세요.

중심
생각

해가 지면 등불을 켜는 ☐☐

💡 **어떻게 알았나요?**

이 시의 제목은 ☐☐☐ 이에요.

2 【전략 적용】
이 시를 읽고 떠올린 장면으로 알맞지 <u>않은</u> 것에 ✕표 하세요.

내용
이해

(1) 고깃배들이 바다에 떠 있는 장면　　　　　　　　　　　(　　　)

(2) 철새들이 바다 위를 날고 있는 장면　　　　　　　　　　(　　　)

(3) 우뚝 선 등대에 햇빛이 비치는 장면　　　　　　　　　　(　　　)

(4) 밤이 되자 등대에서 불빛이 나오는 장면　　　　　　　　(　　　)

3 다음에서 설명하는 표현을 이 시에서 찾을 때, 알맞지 <u>않은</u> 것은 무엇인가요?　(　　　)

표현
파악

> 시에서는 사람이 아닌 것을 사람처럼 표현하기도 해요. 예를 들어 '나를 보며 웃음 짓는 나팔꽃'에서는 '나팔꽃'을 사람처럼 표현하고 있어요.

① 한밤에도 혼자서 깨어 있어요
② 등대는 고개 들고 수평선 멀리
③ 꼬올깍, 해가 지고 날이 저물면
④ 두 팔을 활짝 펴고 빙빙 돌아요
⑤ 여기가 육지란다 / 노래 불러요.

4 등대의 마음을 알맞게 짐작한 친구의 이름을 쓰세요.

★ 추론

> 재희: 어두운 바다가 무서워서 육지로 가고 싶은 마음일 거야.
> 규태: 고깃배와 철새처럼 자유롭게 돌아다니고 싶은 마음일 거야.
> 찬수: 밤에도 고깃배와 철새가 길을 찾도록 도와주고 싶은 마음일 거야.

(　　　　　)

1 다음 낱말의 뜻으로 알맞은 것을 찾아 선으로 이으세요.

(1) 버티는 •

(2) 들어서니 •

(3) 살래살래 •

• ① 자리를 잡고 움직이지 않는.

• ② 밖에서 안쪽으로 옮겨 서니.

• ③ 작은 동작으로 몸의 한 부분을 가볍게 계속 가로흔드는 모양.

2 빈칸에 알맞은 낱말을 보기 에서 찾아 쓰세요.

보기   금세   등대   철새

(1) ☐☐ 의 불빛이 밤바다를 비추고 있었다.

(2) 이 호수에는 겨울마다 ☐☐ 가 찾아온다.

(3) 날이 더워서 아이스크림이 ☐☐ 녹았다.

3 밑줄 친 낱말이 알맞게 쓰이지 않은 것에 V표 하세요.

(1) 두꺼운 책들을 옮기는 일이 만만치 않다. ☐

(2) 아기가 아장아장 뛰쳐나와 엄마 품에 안겼다. ☐

(3) 붉은 해가 수평선 위로 조금씩 솟아오르고 있다. ☐

4 '걱정'과 뜻이 비슷한 낱말을 보기 에서 찾아 쓰세요.

비슷한 말

보기   근심   원망   통쾌   활기

시름

걱정
뜻 안심이 되지 않아 속을 태움.

우려

5 다음을 읽고, ( )에서 알맞은 낱말을 골라 〇표 하세요.

헷갈리는 말

펴다	피다
뜻 굽은 것을 곧게 하다.	뜻 꽃봉오리나 잎 등이 벌어지다.

(1) 해바라기는 여름에 (펴는 / 피는) 꽃이다.

(2) 지수는 허리를 쭉 (펴고 / 피고) 기지개를 켰다.

의견과 까닭 파악하기

동물 마을의 대표는 제가 되어야 합니다. 저는 목이 길고 눈이 커서 마을 곳곳에서 일어나는 일을 두루 살필 수 있으니까요.

개념 이해

글쓴이가 어떤 대상에 대해 가지는 생각을 **의견**이라고 해요. 의견을 낼 때는 그렇게 생각한 **까닭**을 함께 제시해요.

위 그림에서 기린이 한 말을 살펴볼까요? 기린의 의견은 자신이 동물 마을의 대표가 되어야 한다는 것이에요. 목이 길고 눈이 커서 마을 곳곳을 살필 수 있다는 것이 그 까닭이지요. 글을 읽으며 글쓴이의 의견과 그 까닭을 찾아보아요.

이렇게 해요!

① 글을 읽고 글쓴이의 의견을 파악해요. 의견은 주로 '~해야 해요.', '~라고 생각해요.', '~하면 좋겠습니다.'와 같은 문장에서 드러나요.

- 예 음식을 골고루 먹어야 해요.
- 예 반 친구들이 각자 원하는 자리에 앉으면 좋겠습니다.
- 예 저는 복도에서 천천히 걸어 다녀야 한다고 생각해요.

② 글쓴이가 그렇게 생각한 까닭을 찾아보아요.

> 의견은 서로 같을 수도 있지만, 사람에 따라 다를 수도 있어.

확인 문제

■ 다음 글을 읽고 글쓴이의 의견과 까닭을 정리할 때, 빈칸에 알맞은 낱말을 쓰세요.

> 고운 말은 칭찬하는 말, 배려하는 말, 위로하는 말처럼 듣는 사람의 기분을 생각하며 하는 말이에요. 예를 들어, 달리기 대회에서 1등을 한 친구에게 "너 정말 잘하더라."라고 건넨 말이 고운 말이에요. 실수한 친구에게 "괜찮아."라고 건넨 말도 고운 말이지요.
>
> 우리가 다른 사람에게 말을 건넬 때는 고운 말을 써야 해요. 고운 말을 쓰면 말하는 사람과 듣는 사람 모두 기분이 좋아지고 사이좋게 지낼 수 있기 때문이에요. 그러니 짜증 내는 말투로 말하지 말고, 듣는 사람의 마음을 생각하며 고운 말을 건네 보아요.

글쓴이의 의견이 분명하게 나타난 문장을 찾아보자.

의견	다른 사람에게 말을 건넬 때 (1) ☐☐ 말을 써야 한다.
까닭	말하는 사람과 듣는 사람 모두 (2) ☐☐이 좋아지고 사이좋게 지낼 수 있기 때문이다.

아름이와 다운이의 대화

인문 755자

📖 교과 연계
하루 1-2 하루 저금통

아름: 다운아, 배고프지 않아? 이따가 학교 끝나면 분식집에 떡볶이 먹으러 가자.

다운: 나는 당분간 분식집에 안 가려고 해. 새로 나온 게임기를 사기 위해 용돈을 모으고 있거든.

아름: 다운이 너 정말 대단하다. 나는 용돈을 받으면 바로 간식을 사 먹어서 금방 용돈이 떨어지는데……

다운: 나도 맛있는 간식이나 귀여운 장난감을 보면 그냥 용돈을 써 버릴까 고민하게 돼. 하지만 그럴 때마다 내가 정말 가지고 싶은 것을 떠올리면서 꾹 참아.

아름: 나도 용돈을 모아서 인형을 사려고 한 적이 있었어. 그런데 친구들이 간식을 먹으러 갈 때 나만 혼자 집에 가니까 너무 심심했어. 친구들이랑 분식집에서 떡볶이도 사 먹고, 편의점에서 과자도 사 먹으면 신나잖아. 나는 용돈을 모으는 것보다 그때그때 사고 싶은 것을 사는 게 더 좋아.

다운: 그렇구나. 나는 예전에도 용돈을 차곡차곡 모아서 장난감을 산 적이 있었거든. 장난감이 조금 비싸서 세 달 동안 용돈을 아끼고 부모님 심부름을 해서 받은 돈도 안 쓰고 다 모았어. 그렇게 모은 돈으로 장난감을 샀더니 엄청 기쁘더라. 그래서 나는 용돈을 함부로 쓰지 말고 계획해서 써야 한다고 생각해. 갑자기 용돈이 떨어지는 일도 없고, 정말 가지고 싶은 것을 사는 기쁨도 느낄 수 있으니 말이야.

아름: 다운이는 나랑 용돈을 쓰는 방법이 다르구나. 그럼 이건 어때? 내가 떡볶이를 사서 너랑 나랑 나누어 먹는 거야. 그리고 네가 게임기를 사면, 나도 한번 가지고 놀게 해 주는 거지.

다운: 그거 좋은 생각인데? 그렇게 하자!

어휘 풀이

☐ **이따가** 조금 뒤에.

☐ **당분간** 앞으로 얼마 동안에.

☐ **그때그때** 일이나 기회가 생길 때마다.

☐ **계획해서** 앞으로의 일을 자세히 생각하여 정해서.

☐ **떨어지는** 부족한 것을 채우지 못하여 남아 있는 것이 없게 되는.

1 이 글의 내용으로 알맞지 <u>않은</u> 것에 ✕표 하세요.

내용
이해

(1) 아름이는 다운이에게 떡볶이를 먹으러 가자고 했다.　　　　　　　　　(　　)

(2) 아름이는 용돈을 모아서 인형을 사려고 한 적이 있었다.　　　　　　　(　　)

(3) 아름이가 게임기를 사면 다운이도 가지고 놀게 해 주기로 했다.　　　(　　)

2

전략 적용

아름이와 다운이의 의견이 무엇인지 찾아 알맞게 선으로 이으세요.

내용
이해

(1)　　아름　　•　　　•①　　용돈을 함부로 쓰지 말고 계획해서 써야 한다.

(2)　　다운　　•　　　•②　　용돈으로 그때그때 사고 싶은 것을 사는 게 좋다.

3

전략 적용

다운이가 자신의 의견에 대한 까닭으로 든 것을 두 개 찾아 기호를 쓰세요.

내용
이해

　⑦ 갑자기 용돈이 떨어지는 일이 없다.

　⑭ 친구들과 함께 간식을 사 먹으면 신난다.

　⑮ 사고 싶은 물건이 생겼을 때 바로 살 수 있다.

　⑯ 정말 가지고 싶은 것을 사는 기쁨을 느낄 수 있다.

(　　　 , 　　　)

4 다음 용돈 기입장이 누구의 것일지 (　　)에서 골라 ○표 하세요.

창의

날짜	내용	들어온 돈	쓴 돈	남은 돈
7월 1일	이번 주 용돈	5,000원	0원	5,000원
7월 3일	아이스크림	0원	1,500원	3,500원
7월 4일	음료수	0원	2,000원	1,500원
7월 6일	젤리	0원	1,000원	500원

(아름 / 다운)

💡 어떻게 알았나요?

☐☐ 이는 용돈을 받으면 바로 간식을 사 먹어서 금방 용돈이 떨어진다고 말했어요.

2

과학 | 736자

📖 교과 연계
하루 1-2 하루의 마무리

□ (ㄱ)

우리나라 초등학생 세 명 중 한 명은 잠이 부족하다고 합니다. 숙제를 하거나 스마트폰으로 동영상을 보느라 밤늦게 자기 때문일 것입니다. 하지만 잠을 충분히 자는 것은 매우 중요합니다. '잠이 보약'이라는 말처럼 잠은 여러 가지 좋은 일을 합니다.

첫째, 잠은 키가 잘 자라게 해 줍니다. 잠을 잘 때 우리 몸에서는 '성장 호르몬'이 나옵니다. 성장 호르몬은 뼈의 길이를 늘이고 근육을 만들어 키가 크는 것을 돕습니다. 잠자는 시간이 짧으면 성장 호르몬이 적게 나와 키가 잘 크지 못합니다.

둘째, 잠을 푹 자면 기억력이 좋아집니다. 우리의 뇌는 깨어 있을 때 보고 느낀 것들을 '기억'이라는 형태로 저장합니다. 그리고 잠을 자는 사이에 그날의 기억을 정리합니다. 필요 없는 기억은 지우고, 중요한 기억은 따로 보관하는 것입니다. 그러면 뇌에 다시 새로운 기억을 저장할 공간이 생깁니다. 하지만 잠을 적게 자면, 뇌가 기억을 정리하지 못해 기억력이 떨어질 수 있습니다.

셋째, 잠을 자는 동안 몸의 피로가 풀립니다. 잠을 잘 때 우리 몸은 긴장을 풀고 편하게 쉽니다. 이를 통해 낮에 활동하면서 쌓인 피로를 풀고, 다음 날 사용할 힘을 보충합니다. 만약 잠이 부족하면 피로가 풀리지 않아 하루 종일 졸리고 쉽게 짜증이 납니다.

이처럼 우리의 성장과 건강을 위해서는 잠을 충분히 자야 합니다. 물론 늦게까지 잠을 자지 않고 놀고 싶은 날도 있을 것입니다. 그래도 잠이 중요한 까닭을 잘 기억하여 매일 충분히 자도록 노력합시다.

어휘 풀이

□ **보약** 몸의 기운을 높여 주고 건강하도록 도와주는 약.

□ **기억력** 이전의 경험 등을 머릿속에 간직해 두는 능력.

□ **뇌** 느끼고 생각하고 행동하고 기억하는 기능을 관리하는 머리뼈 안쪽의 기관.

□ **피로** 몸이나 정신이 지쳐서 힘든 상태.

□ **보충합니다** 부족한 것을 보태어 채웁니다.

1

중심
생각

전략 적용

다음은 ㉠에 들어갈 이 글의 제목입니다. 글쓴이의 의견이 드러나도록 빈칸에 알맞은 낱말을 쓰세요.

☐ 을 ☐ ☐ ☐ 자자

2

내용
이해

전략 적용

글쓴이의 의견에 대한 까닭이 <u>아닌</u> 것을 두 개 고르세요. (　　,　　)

① 잠을 많이 자면 게을러진다.

② 잠은 키가 잘 자라게 해 준다.

③ 잠을 푹 자면 기억력이 좋아진다.

④ 잠을 자는 동안 몸의 피로가 풀린다.

⑤ 잠을 잘 자면 규칙적인 생활을 할 수 있다.

3

내용
이해

이 글을 읽고 답할 수 있는 질문을 찾아 ○표 하세요.

(1) 성장 호르몬이 많이 나오면 어떤 문제가 생길까?　　　　(　　　)

(2) 잠을 자는 사이에 뇌가 기억을 어떻게 정리할까?　　　　(　　　)

(3) 낮에 활동하면서 피로가 쌓이는 까닭이 무엇일까?　　　　(　　　)

4

평가

글쓴이와 같은 의견을 말한 친구의 이름을 쓰세요.

> 준수: 키가 크려면 밤늦게까지 운동을 열심히 해야 해.
>
> 민채: 다음 날에 활기차게 생활하려면 일찍 잠들어야 해.
>
> 정희: 잠을 줄여서라도 그날의 기억을 정리하고 자는 것이 좋아.

(　　　　　　　)

💡 어떻게 알았나요?

잠이 부족하면 ☐ ☐ 가 풀리지 않아 하루 종일 졸려요.

3 문화유산을 잘 보호해요

인문 | 719자

📖 교과 연계
사회 3-1 일상에서 만나는 과거

문화유산은 우리 조상들이 남긴 귀중한 유산을 말해요. 박물관에 있는 오래된 책, 멋진 그림과 도자기 등이 문화유산이에요. 절에서 볼 수 있는 커다란 탑이나 왕이 살던 궁궐도 문화유산에 속해요.

문화유산에는 조상들의 생활 모습과 지혜가 담겨 있어요. 문화유산이 사라진다면 우리는 조상들의 역사를 알 수 없을 거예요. 그런데 문화유산을 소중하게 여기지 않고 함부로 대하는 사람들이 있어요. '만지지 마시오.'라고 적혀 있는 문화유산을 여기저기 만지는 행동이 대표적이에요. 심지어 장난삼아 문화유산에 낙서를 하거나, 사진을 찍기 위해 문화유산에 올라타는 사람도 있어요. ㉠우리는 조상들로부터 물려받은 문화유산을 아끼고 보호해야 해요.

그 까닭은 ㉡한순간의 실수나 장난으로도 소중한 문화유산이 망가질 수 있기 때문이에요. 문화유산은 대부분 아주 오래전부터 전해 내려왔어요. 그래서 오늘날의 물건보다 낡고 약한 경우가 많아요. '튼튼해 보이는데 괜찮겠지.'라는 생각으로 문화유산을 손으로 만지거나 흔들었다가는 문화유산이 훼손될 위험이 있어요.

또한 ㉢문화유산은 한번 망가지면 되돌리기가 어려워요. 문화유산을 고치는 데에는 막대한 시간과 비용이 들어요. 게다가 겨우 고친다고 하더라도 처음 만들었을 때와 완전히 똑같을 수 없어요. 그러므로 문화유산이 망가지지 않게 잘 보호하는 것이 중요해요.

우리나라에는 아름답고 훌륭한 문화유산이 많아요. 앞으로 이러한 문화유산을 소중하게 생각하고 잘 보호하도록 노력해요.

어휘 풀이

☐ **유산** 이전 세대가 물려준 것.

☐ **탑** 여러 층으로 또는 높고 뾰족하게 세운 건축물.

☐ **물려받은** 재산, 지위, 기술 등을 부모님이나 앞 세대에게서 전해 받은.

☐ **훼손될** 무너지거나 깨져 상하게 될.

☐ **막대한** 더할 수 없이 많거나 큰.

1 문화유산에 대한 설명으로 알맞지 <u>않은</u> 것은 무엇인가요?   (   )

내용
이해

① 탑이나 궁궐도 문화유산에 속한다.

② 조상들의 생활 모습과 지혜가 담겨 있다.

③ 처음 만들었을 때와 똑같이 고칠 수 있다.

④ 우리 조상들이 남긴 귀중한 유산을 말한다.

⑤ 오늘날의 물건보다 낡고 약한 경우가 많다.

2

전략 적용

㉠~㉢을 글쓴이의 의견과 그 까닭으로 나누어 기호를 쓰세요.

내용
이해

(1) 의견: (   )

(2) 까닭: (,   )

3 문화유산을 보호하는 행동으로 알맞은 것에 ○표 하세요.

✦ 추론

(1)

(   )

(2)

(   )

(3)

(   )

💡 어떻게 알았나요?

문화유산을 만지거나 흔들었다가는 문화유산이 [   ][   ] 될 위험이 있어요.

4 다음 사진을 보고 글쓴이가 할 말로 알맞지 <u>않은</u> 것에 ✕표 하세요.

창의

▲ 2008년, 화재로 인해 불탄 숭례문

(1) 불탄 숭례문을 고치려면 막대한 시간과 비용이 들 거야.   (   )

(2) 조상들로부터 물려받은 문화유산이 훼손되다니 안타까워.   (   )

(3) 다른 나라에 있는 우리나라의 소중한 문화유산을 되찾아야 해.   (   )

1 다음 낱말의 뜻으로 알맞은 것을 찾아 선으로 이으세요.

(1) 유산 •

(2) 피로 •

(3) 그때그때 •

• ① 이전 세대가 물려준 것.

• ② 일이나 기회가 생길 때마다.

• ③ 몸이나 정신이 지쳐서 힘든 상태.

2 빈칸에 알맞은 낱말을 보기 에서 찾아 쓰세요.

보기   기억력   당분간   막대한

(1) ☐☐☐ 이 좋은 승우는 반 친구들의 생일을 다 외운다.

(2) 태풍이 논을 휩쓸어서 농작물이 ☐☐☐ 피해를 입었다.

(3) 선생님께서 발을 다치셔서 ☐☐☐ 학교에 못 나오신다.

3 밑줄 친 낱말이 알맞게 쓰이지 <u>않은</u> 것에 V표 하세요.

(1) 저는 일주일에 한 번씩 손톱과 발톱을 <u>보충합니다</u>. ☐

(2) 이번 방학은 일정을 미리 <u>계획해서</u> 알차게 보낼 것이다. ☐

(3) 할아버지에게 <u>물려받은</u> 물건을 지금도 소중히 간직하고 있다. ☐

4 '위험', '부족하다'와 뜻이 반대되는 낱말을 보기 에서 찾아 각각 쓰세요.

반대되는
말

| 보기 | 안부 | 안전 | 충분하다 | 충실하다 |

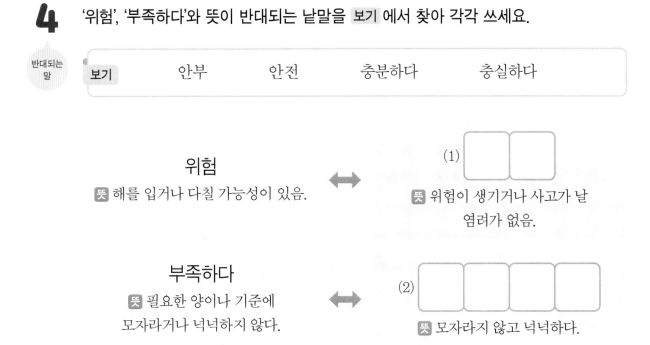

위험
뜻 해를 입거나 다칠 가능성이 있음.   ⟷   (1) ☐☐
뜻 위험이 생기거나 사고가 날 염려가 없음.

부족하다
뜻 필요한 양이나 기준에 모자라거나 넉넉하지 않다.   ⟷   (2) ☐☐☐☐
뜻 모자라지 않고 넉넉하다.

5 다음을 읽고, 밑줄 친 속담이 어울리는 상황에 V표 하세요.

관용
표현

'티끌'은 먼지처럼 아주 작은 것을 말하고, '태산'은 높고 큰 산을 말해요. 티끌처럼 작은 것은 아무리 모아도 늘어나는 것 같지 않아요. 하지만 포기하지 않고 꾸준히 모으다 보면 어느새 태산만큼 크게 쌓인 모습을 볼 수 있지요. 그래서 '티끌 모아 태산'이라는 속담은 아무리 작은 것이라도 모이고 모이면 나중에 큰 덩어리가 된다는 뜻이에요.

(1) 저금통에 매일 동전을 넣었더니 어느새 저금통이 가득 찬 상황.   ☐

(2) 편의점에서 매일 간식을 사 먹었더니 어느새 용돈을 다 쓴 상황.   ☐

중요한 내용 정리하기

개념 이해

탐험가가 팻말에 적힌 글을 읽고 왼쪽 길로 가겠다고 결정했어요. 탐험가는 왜 낭떠러지로 이어진 위험한 길을 선택한 걸까요? 오른쪽 길로 가면 호수가 나온다는 내용에만 집중해서, 정작 중요한 내용을 놓쳤기 때문이에요. 글에는 글쓴이가 전하고 싶은 **중요한 내용**이 있어요. 글을 읽으며 중요한 내용을 찾고 정리해 보아요. 그러면 글의 내용을 더 잘 이해하고 오래 기억할 수 있답니다.

이렇게 해요!

① 글을 읽으며 중심 문장을 찾고 밑줄을 그어요.

② 중심 문장을 바탕으로 글의 중요한 내용을 간단하게 정리해요.

> 예 <u>엄지손가락을 세우는 손동작은 나라마다 다른 뜻으로 쓰여요.</u> 우리나라와 미
> 중심 문장
> 국에서는 '최고'를 뜻하기 때문에 누군가를 칭찬할 때 자주 사용되어요. 하지만
> 독일과 프랑스에서는 숫자 '1'을 뜻해요. 그래서 숫자를 셀 때 주로 쓰이지요.
>
> → 중요한 내용: 엄지손가락을 세우는 손동작은 우리나라와 미국, 독일과 프랑스에서 다
> 른 뜻으로 쓰인다.

중심 문장은 주로
문단의 맨 앞에 오지만,
중간이나 맨 끝에
오기도 해!

확인 문제

■ 다음 글을 읽고 중요한 내용을 정리할 때, 빈칸에 알맞은 낱말을 쓰세요.

동물의 특징을 본떠 만든 로봇들이 있어요. 이러한 로봇들은 인간
이 하기 어려운 일을 척척 해낸답니다.

뱀 로봇은 뱀처럼 가늘고 잘 휘어지는 로봇이에요. 그래서 사람이
가기 힘든 좁고 울퉁불퉁한 곳에서도 마음대로 움직일 수 있어요.

코끼리 코 로봇은 코끼리가 코로 물건을 잡는 방법을 흉내 낸 로봇
이에요. 코끼리는 물건을 잡을 때 작은 물건은 코끝을 오므려서 움켜
잡고, 큰 물건은 공기를 강하게 들이마셔서 잡아요. 이러한 모습을 본
떠 만든 코끼리 코 로봇은 다양한 크기의 물건을 잡을 수 있어요.

두더지 로봇은 이빨과 앞발로 땅굴을 파는 두더지를 닮은 로봇이
에요. 자기 몸보다 몇 배나 큰 굴을 뚫는 두더지 로봇은 깊은 땅속을
조사하는 데 활용될 수 있어요.

동물의 특징을 본떠 만든
로봇들을 글에서 찾아보자.

☐ 로봇, 코끼리 코 로봇, ☐☐☐ 로봇과 같이

동물의 특징을 본떠 만든 로봇들이 있다.

줄이 만들어 내는 음악

　손가락으로 고무줄을 튕기면 '띵' 하는 소리가 나요. 이렇게 줄로 소리를 내는 악기를 '현악기'라고 해요. '악기' 앞에 줄을 뜻하는 한자어인 '현'이 붙어 만들어진 말이지요. 현악기는 연주하는 방법에 따라 두 가지 종류로 나눌 수 있어요.

　먼저, 줄을 문질러서 연주하는 현악기가 있어요. 줄을 문지를 때는 보통 '활'이라는 도구를 사용해요. 기다랗게 생긴 활로 악기에 달려 있는 줄을 문지르면서 소리를 내지요. 이렇게 연주하는 대표적

▲ 바이올린

인 악기가 바로 바이올린이에요. 바이올린은 가운데가 잘록한 몸통에 네 개의 줄이 달려 있어요. 바이올린을 연주할 때는 한 손으로 바이올린을 잡아 어깨 위에 올리고, 다른 손으로 활을 들어 바이올린의 줄을 문질러요. 첼로와 ㉠해금도 활로 줄을 문지르며 연주해요.

　손가락으로 줄을 튕겨서 연주하는 현악기도 있어요. 우리가 잘 아는 기타가 이러한 현악기에 속해요. 기타는 바이올린과 비슷하게 생겼지만, 바이올린보다 크기가 크고 줄도 두 개 더 많아요. 기타를 연주할 때는 의자에 앉아

▲ 기타

한 손으로 기타를 잡고, 다른 쪽 손가락으로 줄을 튕기며 소리를 내요. 하프와 ㉡가야금도 줄을 튕기면서 연주하는 악기예요.

　연주하는 방법이 다르고, 줄의 개수가 다르고, 악기의 크기가 달라도, 줄을 이용해 소리를 내는 악기는 모두 현악기예요. 현악기는 작고 섬세한 소리부터 크고 거센 소리까지 다양한 소리로 아름다운 음악을 만들어요.

어휘 풀이

□ **연주하는** 악기를 다루어 음악을 들려주는.

□ **대표적** 어떤 집단이나 분야를 대표할 만큼 가장 두드러지거나 뛰어난 것.

□ **하프** 세모꼴의 틀에 줄을 세로로 나란히 걸고, 두 손으로 줄을 튕겨 연주하는 현악기.

□ **섬세한** 곱고 가는.

1

내용
이해

이 글의 내용으로 알맞은 것을 두 개 고르세요.　（　　，　　）

① 기타는 어깨 위에 올려서 연주한다.

② 기타와 바이올린은 비슷하게 생겼다.

③ 바이올린은 몸통의 가운데가 볼록하다.

④ 현악기는 줄을 이용해 소리를 내는 악기이다.

⑤ 활은 악기의 몸통을 문지를 때 사용하는 도구이다.

2

구조
파악

전략 적용

이 글의 중요한 내용을 정리할 때, (　　　)에서 알맞은 낱말을 골라 ○표 하세요.

현악기는 연주하는 방법에 따라 활로 줄을 (쳐서 / 문질러서) 연주하는 현악
기와 (손가락 / 손바닥) 으로 줄을 튕겨서 연주하는 현악기로 나눌 수 있다.

3

★ 추론

이 글을 읽고 짐작한 내용으로 알맞지 <u>않은</u> 것에 ✕표 하세요.

(1) 첼로와 하프는 현악기이다.　　　　　　　　　　　　　　（　　　）

(2) 기타에는 일곱 개의 줄이 달려 있다.　　　　　　　　　　（　　　）

(3) 바이올린과 하프는 연주하는 방법이 다르다.　　　　　　（　　　）

4

★ 추론

㉠과 ㉡을 연주하는 모습으로 알맞은 것을 찾아 각각 기호를 쓰세요.

(1)

（　　　　）

(2)

（　　　　）

 어떻게 알았나요?

첼로와 [　] [　] 은 활로 줄을 문지르며 연주해요.

올챙이는 어떻게 개구리가 될까?

과학 | 764자

📖 교과 연계
과학 3-1 생물의 한살이

1 "개구리 올챙이 적 생각 못 한다."라는 속담이 있어요. 자신의 예전 모습을 생각하지 않고 처음부터 잘난 듯이 뽐내는 사람에게 하는 말이지요. 이러한 속담이 생길 만큼 개구리와 올챙이는 [　　　　⊙　　　　] 땅 위를 자유롭게 뛰어다니는 개구리도 어렸을 때는 물속을 꼬물꼬물 헤엄치는 작은 올챙이였어요. 개구리의 한살이를 살펴보아요.

2 개구리는 물속에 알을 낳아요. 한 번에 무려 수백 개에서 수천 개의 알을 낳지요. 개구리의 알은 까만 점처럼 생겼는데, '우무질'이라고 불리는 동그랗고 투명한 막에 싸여 있어요. 일주일쯤 지나면 알에서 올챙이가 부화해요.

3 막 부화한 올챙이는 언뜻 보기에 조그마한 물고기같이 생겼어요. 둥근 머리에 볼록한 배, 지느러미 같은 꼬리가 있어요. 올챙이는 꼬리를 움직여 물속에서 헤엄을 쳐요. 또한 올챙이는 물고기처럼 아가미를 이용해 숨을 쉬기 때문에, 땅 위로 나오지 못하고 물속에서만 생활할 수 있어요.

4 올챙이는 개구리가 되기까지 여러 과정을 거쳐요. 우선, 올챙이가 부화한 지 15일 정도 지나면 뒷다리가 나와요. 그리고 25일 정도 지나면 앞다리가 나오지요. 이렇게 네 개의 다리가 모두 생긴 뒤에는 꼬리가 점점 짧아져요. 그러다 꼬리가 완전히 없어지면 드디어 네 다리로 폴짝폴짝 뛰는 개구리가 되는 거예요.

5 올챙이와 개구리는 생김새만큼이나 살아가는 방법도 달라요. 개구리는 아가미가 없는 대신에 폐와 피부를 이용해 숨을 쉬어요. 그래서 물속과 땅 위를 오가며 살 수 있어요. 다 자란 개구리는 짝짓기 시기가 되면 암컷과 수컷이 만나 짝짓기를 하고 알을 낳아요.

어휘 풀이

☐ **한살이** 동물이나 식물이 태어나서 죽을 때까지의 동안.

☐ **무려** 생각한 것보다 그 수나 양이 많게.

☐ **부화해요** 동물의 알 속에서 새끼가 껍데기를 깨고 밖으로 나와요.

☐ **아가미** 물속에서 사는 동물이 숨을 쉴 수 있게 하는 기관.

☐ **폐** 동물과 사람의 가슴 속 양쪽에 있는, 숨을 쉬게 하는 기관.

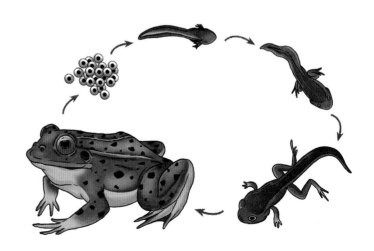

1 이 글의 중심 내용이 무엇인지 빈칸에 알맞은 낱말을 쓰세요.

중심
생각

개구리의 ☐☐☐

2 이 글의 내용으로 알맞지 <u>않은</u> 것은 무엇인가요? (　　)

내용
이해

① 개구리는 물속에 알을 낳는다.
② 개구리의 알은 우무질에 싸여 있다.
③ 개구리는 물속과 땅 위를 오가며 산다.
④ 올챙이는 머리가 둥글고 배가 볼록하다.
⑤ 올챙이는 폐와 피부를 이용해 숨을 쉰다.

전략 적용

3 4 문단의 중요한 내용을 바르게 정리한 친구의 이름을 쓰세요.

구조
파악

> 은희: 올챙이는 네 개의 다리가 모두 생긴 뒤에 꼬리가 점점 짧아진다.
> 수아: 올챙이는 뒷다리와 앞다리가 차례대로 나오고 꼬리가 없어지면 개구리가
> 　　　된다.
> 민재: 올챙이는 부화한 지 15일 정도 지나면 뒷다리가 나오고, 25일 정도 지나면
> 　　　앞다리가 나온다.

(　　　　)

4 ㉠에 들어갈 알맞은 말에 ○표 하세요.

★추론

(1) 닮은 점이 많아요. (　　)
(2) 전혀 다르게 생겼어요. (　　)
(3) 뽐내는 것을 좋아해요. (　　)

💡 어떻게 알았나요?

땅 위를 뛰어다니는 개구리도 어렸을 때는 물속을 ☐☐치는 작은 올챙이였어요.

3

미세 먼지를 조심해요

사회 | 777자

📖 교과 연계
자연 2-1 미세 먼지로부터 안전하게

1 봄이 되면 하늘이 미세 먼지로 뿌옇게 뒤덮이곤 해요. 미세 먼지는 크기가 매우 작은 먼지를 말해요. 미세 먼지는 머리카락 굵기보다 훨씬 작아서 눈에 보이지 않아요.

2 미세 먼지는 공장과 자동차, 발전소 등에서 나오는 오염 물질 때문에 생겨요. 공장의 굴뚝에서 매연이 나올 때, 도로를 달리는 자동차가 배기가스를 내뿜을 때 미세 먼지가 생기지요. 그리고 발전소에서 전기를 만들기 위해 석탄이나 석유를 태울 때에도 많은 양의 미세 먼지가 만들어져요.

3 미세 먼지는 우리 몸에 나쁜 영향을 끼쳐요. 미세 먼지에 오래 노출되면 목이 따갑고 눈이 가려워요. 콜록콜록 기침이 나고 피부가 빨갛게 부어오르는 경우도 있어요. 또 미세 먼지는 작고 가벼워서 숨 쉴 때 우리 몸속 깊이 들어올 수 있어요. 미세 먼지가 몸속에 계속 쌓이면 면역력이 떨어져 병에 걸리기 쉬워요.

4 미세 먼지는 황사와 헷갈리기도 해요. 황사도 미세 먼지처럼 봄에 찾아와 하늘을 뿌옇게 만들기 때문이에요. 하지만 황사는 원래 사막에 있던 모래예요. 우리나라에서 멀리 떨어진 중국과 몽골에는 넓은 모래사막이 있어요. 이곳의 모래가 강한 바람을 타고 우리나라까지 날아온 것이 바로 황사예요. 이처럼 미세 먼지와 황사는 서로 다르지만, 둘 다 우리 몸에 해로워요.

5 미세 먼지가 심한 날에는 밖에 나갈 때 반드시 마스크를 써야 해요. 마스크는 미세 먼지가 코와 입을 통해 몸속으로 들어오는 것을 막아 주어요. 또 밖에 있다가 집으로 들어오면 손과 얼굴을 깨끗이 씻고 양치질을 해야 해요. 그리고 조금 답답하더라도 창문을 자주 열지 않는 것이 좋아요.

어휘 풀이

☐ **매연** 연료가 탈 때 나오는 그을음이 섞인 검은 연기.

☐ **배기가스** 자동차 등의 기계에서 연료를 태운 후 생기는 연기.

☐ **영향** 어떤 것의 효과나 작용이 다른 것에 미치는 것.

☐ **면역력** 몸 밖에서 들어온 병균을 이겨 내는 힘.

1

내용
이해

미세 먼지에 대한 설명으로 알맞지 <u>않은</u> 것은 무엇인가요? (   )

① 눈에 보이지 않는다.

② 몸속에 쌓이지 않는다.

③ 머리카락 굵기보다 작다.

④ 오염 물질 때문에 생긴다.

⑤ 오래 노출되면 목이 따갑다.

💡 **어떻게 알았나요?**

미세 먼지는 숨 쉴 때 우리 ⬜⬜ 깊이 들어올 수 있어요.

2

내용
이해

미세 먼지와 황사의 공통점이 <u>아닌</u> 것을 찾아 기호를 쓰세요.

> ㉮ 몸에 해롭다.
>
> ㉯ 하늘을 뿌옇게 만든다.
>
> ㉰ 모래사막에서 우리나라까지 날아왔다.

(   )

3

구조
파악

전략 적용

❷ 문단의 중요한 내용을 정리할 때, 빈칸에 알맞은 낱말을 쓰세요.

미세 먼지는 ⬜⬜ 에서 매연이 나올 때, 자동차가 배기가스를 내뿜을

때, 발전소에서 석탄이나 ⬜⬜ 를 태울 때 생긴다.

4

창의

오늘 날씨가 다음과 같을 때, 해야 할 행동을 알맞게 말한 친구에게 ○표 하세요.

오늘의 미세 먼지
😵
매우 나쁨

(1) 경태: 창문을 자주 열어서 환기를 해야지.   (   )

(2) 선미: 집에 들어가면 손과 얼굴을 씻을 거야.   (   )

(3) 주희: 집 밖에서는 마스크를 벗는 게 좋겠어.   (   )

1 다음 낱말의 뜻으로 알맞은 것을 찾아 선으로 이으세요.

(1) 영향 •

(2) 섬세한 •

(3) 한살이 •

• ① 곱고 가는.

• ② 동물이나 식물이 태어나서 죽을 때까지의 동안.

• ③ 어떤 것의 효과나 작용이 다른 것에 미치는 것.

2 빈칸에 알맞은 낱말을 보기 에서 찾아 쓰세요.

보기   대표적   면역력   아가미

(1) ☐☐☐ 이 약한 사람은 감기에 자주 걸린다.

(2) 김치는 우리나라의 ☐☐☐ 인 전통 음식이다.

(3) 물고기는 ☐☐☐ 를 열었다 닫았다 하며 숨을 쉰다.

3 밑줄 친 낱말이 알맞게 쓰이지 <u>않은</u> 것에 ∨표 하세요.

(1) 형은 리코더를 <u>연주하는</u> 실력이 뛰어나다.　　　　　　☐

(2) 이틀만 기다리면 새끼 고양이가 <u>부화해요.</u>　　　　　　☐

(3) 공장에서 나오는 <u>매연</u> 때문에 공기가 나빠졌다.　　　　☐

4 '자라다'와 뜻이 비슷한 낱말을 보기 에서 찾아 쓰세요.

 비슷한 말

보기　　성공하다　　　성급하다　　　성실하다　　　성장하다

크다

자라다
🔖 생물이 부분적으로 또는 전체적으로 점점 커지다.

발달하다

5 다음을 읽고, (　　)에서 알맞은 낱말을 골라 ○표 하세요.

 헷갈리는 말

싸이다	쌓이다
🔖 물건이 겉으로 보이지 않도록 무엇에 씌워져 가려지다.	🔖 여러 개의 물건이 겹겹이 포개어져 놓이다.

(1) 밖을 나가 보니 밤새 내린 눈이 소복이 (싸여 / 쌓여) 있다.

(2) 친구가 편지와 함께 포장지에 (싸인 / 쌓인) 선물 상자를 내밀었다.

장소 변화에 따라 일이 일어난 차례 알기

개념 이해

위의 그림을 보고 민수가 한 일을 차례대로 정리해 볼까요? 민수는 '운동
장 → 공원 → 집'의 순서로 이동했어요. 그러니 민수가 운동장에서 축구를
한 뒤, 공원에 가서 강아지를 산책시키고, 집으로 들어가 수박을 먹었다고
정리할 수 있겠네요. 이처럼 장소 변화에 따라 인물이 한 일을 정리하면 일
이 일어난 차례를 알 수 있어요.

이렇게 해요!

① 글에서 장소를 나타내는 말을 찾아요.

　　예 장소를 나타내는 말: '집에서', '학교에', '박물관으로' 등

② 장소 변화에 따라 인물이 한 일을 차례대로 정리해요.

> 일이 일어난 차례를 알면 이야기가 더 쉽게 이해돼.

확인 문제

■ 다음 글을 읽고 장소 변화에 따라 총각이 한 일을 정리할 때, 빈칸에 알맞은 낱말을 쓰세요.

> 장소를 나타내는 말에 동그라미를 치며 이야기를 읽어 보자.

　　총각은 욕심쟁이 영감의 집 앞으로 다시 찾아갔어요. 총각은 나무 그늘에 누워 있는 영감에게 열 냥을 내밀며 말했어요.

　　"영감님, 돈을 구해 왔습니다. 이제 나무 그늘을 제게 파시지요."

　　영감은 총각의 말에 고개를 끄덕이며 냉큼 돈을 챙겼어요.

　　'나무 그늘을 돈 주고 사는 멍청이가 다 있구면. 이게 웬 횡재냐?'

　　영감이 자리를 뜬 뒤, 총각은 나무 그늘에 앉아 시원한 바람을 즐겼어요. 한참을 쉬고 있으니 그늘이 점점 영감의 집 쪽으로 이동하기 시작했어요. 한낮이 되자 나무 그늘이 영감의 방 안까지 드리워졌지요. 총각은 그늘을 따라 영감의 방으로 들어갔어요. 방 안에는 영감이 누워 있었어요.

　　"영감님, 제 허락 없이 그늘에 들어오시면 어떻게 합니까?"

　　총각은 욕심쟁이 영감을 밖으로 내쫓았어요.

—「나무 그늘을 산 총각」 중

장소	욕심쟁이 영감의 집 앞	욕심쟁이 영감의 방 안
총각이 한 일	욕심쟁이 영감에게 나무 (1) ☐☐ 을 샀다.	욕심쟁이 영감을 (2) ☐ 으로 내쫓았다.

브레멘 음악대 | 그림 형제

동화 | 869자

당나귀는 농장에서 주인을 도와 짐을 나르는 일을 했어요. 하지만 당나귀가 늙어 힘이 약해지자, 주인은 당나귀에게 먹이를 주지 않았어요. 매일 쫄쫄 굶던 당나귀는 우연히 브레멘에 음악대가 있다는 소식을 들었어요.

'브레멘으로 가야겠어. 브레멘 음악대에 들어가 북을 치며 살아야지.'

당나귀는 농장을 뛰쳐나와 브레멘을 향해 갔어요. 그러다 길에서 사냥개, 고양이, 수탉을 만났어요. 그들은 모두 살던 집에서 도망쳐 나온 동물들이었어요.

"나이가 들어 사냥을 못하게 되니까 주인이 날 팔려고 하더라."

"내 주인은 맨날 구박만 해. 나는 이제 늙어서 쥐를 못 잡거든."

"내일 주인이 나를 잡아먹겠대. 내가 나이가 많아서 쓸모가 없다는 거야."

사냥개, 고양이, 수탉의 이야기를 듣고 당나귀가 말했어요.

"나랑 브레멘에 가자. 브레멘에 있는 음악대에 들어가서 악기를 연주하며 즐겁게 사는 거야!"

사냥개, 고양이, 수탉은 당나귀와 함께 브레멘에 가기로 했어요. 동물들이 브레멘을 향해 계속 걷다 보니, 어느새 날이 어두워졌어요. 음식과 잠자리를 찾던 동물들은 오두막 하나를 발견했어요. 오두막에는 다른 사람의 물건을 훔치고 다니는 도둑들이 숨어 살고 있었어요. 창문 너머로 도둑들이 푸짐하게 상을 차려 놓고 식사를 하는 모습이 보였어요.

"우리가 이 오두막을 차지할 방법이 없을까?"

동물들은 머리를 맞대고 쑥덕거리더니 좋은 방법을 생각해 냈어요. 우선 당나귀 위에 개가 올라가고, 개 위에 고양이와 수탉이 차례대로 올라갔어요. 그러고는 다 같이 소리를 꽥 질렀어요. 웬 괴성에 놀라 두리번거리던 도둑들은 창밖에 비친 커다란 그림자를 보았어요.

"으악, 귀신이다!"

도둑들은 비명을 지르며 밖으로 도망쳤어요. 동물들은 오두막으로 들어가 도둑들이 남기고 간 음식을 배불리 먹었어요.

어휘 풀이

□ **음악대** 음악을 연주하는 단체.

□ **구박** 못 견딜 정도로 매우 심하게 괴롭힘.

□ **쓸모** 쓸 만한 가치.

□ **차지할** 물건이나 장소, 지위 등을 자기 몫으로 가질.

□ **괴성** 매우 이상한 소리.

1

중심
생각

동물들이 브레멘으로 향한 까닭이 무엇인지 빈칸에 알맞은 낱말을 쓰세요.

브레멘에 있는 ☐☐☐ 에 들어가기 위해서

💡 어떻게 알았나요?

동물들은 브레멘에 가서 ☐☐ 를 연주하며 즐겁게 살기로 했어요.

2

내용
이해

이 글의 내용으로 알맞지 <u>않은</u> 것에 ✕표 하세요.

(1) 당나귀는 주인을 도와 짐을 나르는 일을 했다. ( )

(2) 도둑들은 창밖에 나타난 귀신을 보고 도망쳤다. ( )

(3) 동물들은 도둑들이 숨어 사는 오두막을 발견했다. ( )

3

구조
파악

전략 적용

각각의 장소에서 일어난 일을 찾아 선으로 이으세요.

(1) 농장 •

(2) 길 •

(3) 오두막 •

•① 당나귀, 사냥개, 고양이, 수탉이 음식을 배불리 먹었다.

•② 당나귀가 사냥개, 고양이, 수탉을 만나 이야기를 들었다.

•③ 당나귀가 늙어 힘이 약해지자 주인이 당나귀에게 먹이를 주지 않았다.

4

★ 추론

당나귀, 사냥개, 고양이, 수탉의 공통점을 알맞게 말한 친구의 이름을 쓰세요.

예지: 자신의 꿈을 이루기 위해 주인을 떠난 동물들이야.

슬기: 주인의 말이라면 뭐든지 따르는 충성스러운 동물들이야.

병희: 늙었다는 이유로 주인에게 버림받아 도망쳐 나온 동물들이야.

( )

소가 된 게으름뱅이

동화 | 873자

옛날에 한 게으름뱅이가 살고 있었어요. 게으름뱅이가 하는 일이라고는 방에서 빈둥대는 것뿐이었어요. 하루는 참다못한 아내가 화를 냈어요.

"당신, 언제까지 놀기만 할 거예요? 당장 일하러 나가요!"

게으름뱅이는 잔소리를 듣기 싫어 집 밖으로 나왔어요. 하염없이 길을 걷는데, 저 앞에 소 머리 모양의 탈을 만들고 있는 노인이 보였어요. 게으름뱅이는 노인에게 다가가 물었어요.

"영감님, 그 탈이 무슨 탈입니까?"

"이 탈을 쓰면 아주 좋은 일이 생긴다네. 자네도 한번 써 볼 텐가?"

게으름뱅이는 냉큼 탈을 썼어요. 그러자 갑자기 머리에 뿔이 돋아나고 온몸에 갈색 털이 자랐어요. 깜짝 놀란 게으름뱅이가 노인에게 따지려고 하니 '음매' 하는 소리밖에 나오지 않았어요. 노인은 소가 된 게으름뱅이를 끌고 시장에 갔어요. 그리고 한 농부에게 게으름뱅이를 팔며 말했어요.

"이 소는 무를 먹으면 죽는다네. 그러니 절대 무를 먹이지 말게나."

농부는 게으름뱅이를 끌고 집으로 갔어요. 그날부터 게으름뱅이는 쉴 새 없이 일을 해야 했어요. 이른 아침부터 해가 질 때까지 밭을 갈았지요. 집에 돌아오면 꼼짝할 수 없을 만큼 피곤했어요.

㉠'아이고, 그동안 게으름을 피우며 살아서 벌을 받는구나. 이렇게 사느니 차라리 무를 먹고 죽는 게 낫겠어.'

게으름뱅이는 근처에 있는 밭으로 달려가 무를 뽑아 먹었어요. 그 순간, 머리에서 뿔이 뚝 떨어지고 몸에 난 털도 사라졌어요. 게으름뱅이는 얼굴을 더듬어 보더니 소리를 질렀어요.

㉡"다시 사람이 되었어! 말도 나오고, 뿔도 털도 없어졌어!"

게으름뱅이는 서둘러 자기 집으로 돌아갔어요. 게으름뱅이는 아내를 얼싸안으며 말했어요.

"여보, 그동안 미안했소. 내가 게을러서 당신을 고생시켰구려."

그 뒤로 게으름뱅이는 아내와 부지런히 농사를 지으며 살았답니다.

어휘 풀이

- □ **빈둥대는** 아무 일도 하지 않고 자꾸 게으름을 피우며 놀기만 하는.
- □ **참다못한** 참을 만큼 참다가 더 이상 참을 수 없어진.
- □ **하염없이** 어떤 행동이나 감정 등이 그치지 않고 계속되는 상태로.
- □ **탈** 얼굴을 감추거나 다르게 꾸미기 위하여 종이, 나무, 흙 등으로 만들어 얼굴에 쓰는 물건.

- □ **갈았지요** 농기구로 땅을 파서 뒤집었지요.
- □ **차라리** 여러 가지 사실을 말할 때, 저렇게 하는 것보다 이렇게 하는 것이 나음을 나타내는 말.

1 이 글에서 게으름뱅이가 한 행동으로 알맞은 것에 ○표 하세요.

내용
이해

(1) 아내에게 잔소리를 하고 집 밖으로 나왔다. ( )

(2) 소가 되어 이른 아침부터 해가 질 때까지 밭을 갈았다. ( )

(3) 노인에게 좋은 일이 생기는 탈을 만들어 달라고 부탁했다. ( )

💡 어떻게 알았나요?

농부에게 팔린 게으름뱅이는 쉴 새 없이 ☐ 을 해야 했어요.

전략 적용

2 이 글에서 가장 먼저 일어난 일은 무엇인가요? ( )

구조
파악

① 농부가 게으름뱅이를 끌고 집으로 데려갔다.

② 게으름뱅이가 밭으로 달려가 무를 뽑아 먹었다.

③ 아내가 놀기만 하는 게으름뱅이에게 화를 냈다.

④ 노인이 소가 된 게으름뱅이를 끌고 시장에 갔다.

⑤ 게으름뱅이의 머리에 뿔이 돋아나고 온몸에 털이 자랐다.

3 ㉠, ㉡에서 게으름뱅이가 느꼈을 마음을 알맞게 짝 지은 것은 무엇인가요? ( )

★ 추론

	㉠		㉡
①	뿌듯하다.	—	기쁘다.
②	뿌듯하다.	—	부끄럽다.
③	후회스럽다.	—	기쁘다.
④	후회스럽다.	—	부끄럽다.
⑤	후회스럽다.	—	뿌듯하다.

4 이 글을 읽고, 게으름뱅이에게 해 줄 말을 알맞게 말한 친구의 이름을 쓰세요.

창의

> 서현: 비록 노인에게 속아서 소가 되었지만, 노인의 말을 듣고 사람이 되는 방법을 알아채다니 정말 대단해.
>
> 노원: 소로 변해 힘들게 일해야 했지만, 덕분에 게을렀던 자신을 반성하고 부지런한 사람이 되어서 참 다행이야.

( )

단양으로의 여행

인문 | 762자

📖 교과 연계
국어 2-1 겪은 일을 나타내요

오늘은 아빠와 충청북도 단양으로 여행을 갔다. 둘이서 가는 여행은 처음이라 출발 전부터 마음이 설렜다. 차 안에서 아빠와 이야기하다 보니 금방 단양에 도착했다.

첫 번째로 간 곳은 도담 삼봉이었다. 도담 삼봉은 남한강 한가운데에 우뚝 솟아 있는 세 개의 커다란 바위섬이다. 유유히 흐르는 남한강의 물결과 그 위에 떠 있는 듯한 바위섬이 무척 아름다웠다. 세 바위섬 중에서 중앙에 있는

▲ 도담 삼봉

것이 가장 높았는데, 허리쯤에는 벽이 뻥 뚫린 집도 지어져 있었다. 아빠께서는 저렇게 벽이 없이 기둥과 지붕만 있는 집을 '정자'라고 부른다고 하셨다. 나는 정자에 앉아 바람을 맞으며 푸른 강물을 바라보는 모습을 상상했다. 상상만으로도 저절로 미소가 지어졌다.

두 번째로 간 곳은 고수 동굴이었다. 고수 동굴 안에 들어서자 냉장고 문을 연 것처럼 시원했다. 고수 동굴은 땅 밑에 있는 석회암이 오랫동안 빗물에 의해 녹으면서 만들어진 동굴이라고 한다. 고수 동굴 안에는 길쭉길쭉한 돌이 천장에도 매달려 있고, 바닥에도 솟아올라 있었다. 모양과 크기가 제각기 다른 돌들을 보는 것이 신기하고 재미있었다.

고수 동굴을 나온 우리는 구경 시장에 들렀다. 단양의 특산물인 마늘로 만든 음식을 사기 위해서였다. 시장에서는 마늘 닭강정, 마늘 만두 등 마늘을 넣은 다양한 음식을 팔고 있었다. 우리는 엄마가 좋아하시는 마늘빵을 잔뜩 사서 차에 실었다.

볼거리와 먹을거리가 많은 단양을 여행해서 즐거웠다. 단양에 또 가게 된다면 안 가 본 장소에도 가고, 마늘로 만든 다른 음식들도 먹어 보고 싶다.

어휘 풀이

☐ **유유히** 움직임이 느긋하고 여유가 있게.

☐ **중앙** 어떤 장소나 물체의 중심이 되는 한가운데.

☐ **석회암** 동물의 뼈나 껍질이 물 밑에 쌓여서 생긴 돌.

☐ **제각기** 저마다 다 따로따로.

☐ **특산물** 어떤 지역에서 특별히 나는 물건.

1 글쓴이가 이 글을 쓴 까닭은 무엇인가요? ( )

중심
생각

① 석회암의 특징을 알려 주려고
② 단양 마늘의 좋은 점을 알려 주려고
③ 단양 여행을 갈 때 주의할 점을 안내하려고
④ 단양을 여행하며 보고 느낀 점을 기록하려고
⑤ 도담 삼봉과 고수 동굴의 차이점을 설명하려고

2 글쓴이가 간 장소와 그에 대한 설명을 알맞게 짝 지은 것은 무엇인가요? ( )

내용
이해

① 고수 동굴 — 마늘을 넣은 다양한 음식을 판다.
② 고수 동굴 — 벽이 없는 집인 정자가 지어져 있다.
③ 구경 시장 — 석회암이 빗물에 의해 녹으면서 만들어졌다.
④ 도담 삼봉 — 안에 들어서면 냉장고 문을 연 것처럼 시원하다.
⑤ 도담 삼봉 — 남한강 한가운데에 솟아 있는 세 개의 바위섬이다.

전략 적용

3 글쓴이가 한 일의 차례에 맞게 기호를 쓰세요.

구조
파악

> ㉮ 구경 시장에서 엄마가 좋아하시는 마늘빵을 잔뜩 샀다.
> ㉯ 고수 동굴에서 모양과 크기가 제각기 다른 돌들을 보았다.
> ㉰ 도담 삼봉에서 정자에 앉아 푸른 강물을 바라보는 모습을 상상했다.

( ) → ( ) → ( )

4 이 글의 내용으로 보아, 고수 동굴의 모습으로 알맞은 것에 ○표 하세요.

★ 추론

(1)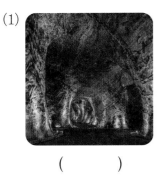

( )

(2)

( )

(3)

( )

💡 어떻게 알았나요?

고수 동굴 안에는 [ ][ ][ ][ ] 한 돌이 천장에도 매달려 있고, 바닥에도 솟아올라 있었어요.

어휘 익히기

1 다음 낱말의 뜻으로 알맞은 것을 찾아 선으로 이으세요.

(1) 구박 •

(2) 중앙 •

(3) 하염없이 •

• ① 못 견딜 정도로 매우 심하게 괴롭힘.

• ② 어떤 장소나 물체의 중심이 되는 한가운데.

• ③ 어떤 행동이나 감정 등이 그치지 않고 계속되는 상태로.

2 빈칸에 알맞은 낱말을 보기 에서 찾아 쓰세요.

보기   차라리   차지할   특산물

(1) 새콤달콤한 귤은 제주도의 ☐☐☐ 이다.

(2) 일찍 도착한 덕분에 좋은 자리를 ☐☐☐ 수 있었다.

(3) 졸면서 책을 읽느니 ☐☐☐ 누워서 자는 것이 낫다.

3 밑줄 친 낱말이 알맞게 쓰이지 <u>않은</u> 것에 ∨표 하세요.

(1) 친구들의 장난을 <u>참다못한</u> 진수는 버럭 성을 냈다. ☐

(2) 나는 몹시 배가 고파서 밥이 나오자마자 <u>유유히</u> 먹었다. ☐

(3) 이 그릇은 많은 양의 음식을 담을 수 있어서 <u>쓸모</u>가 많다. ☐

4 '장소'와 뜻이 비슷한 낱말을 보기 에서 찾아 쓰세요.

비슷한 말

보기   공간   난간   시간   약간

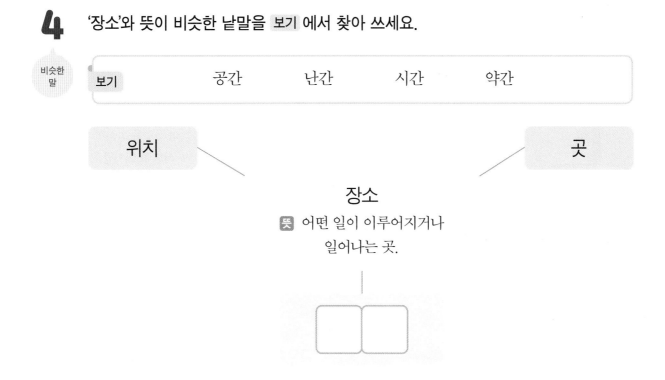

위치   곳

장소
🟦 뜻 어떤 일이 이루어지거나
일어나는 곳.

[ ][ ]

5 다음을 읽고, 밑줄 친 말이 어울리는 상황에 ∨표 하세요.

관용 표현

어떤 문제가 생겼을 때, 우리는 혼자 고민해서 답을 찾기도 해요. 하지만 여럿이 함께 고민한다면 더욱 쉽게 문제를 해결할 수 있어요. 서로 마주 대하고 이야기하다 보면 더 좋은 생각이 떠오르기 때문이지요. '머리를 맞대다.'라는 말은 이처럼 여러 명이 모여서 서로 어떤 일을 의논하는 것을 뜻해요.

(1) 점심을 먹고 반 친구들끼리 운동장에 모여 축구를 하는 상황. □

(2) 학급 규칙을 정하기 위해 반 친구들이 모여 의견을 말하는 상황. □

뒷이야기 상상하기

개념 이해

마법사는 사람이 되고 싶은 인어 공주에게 물약을 주었어요. 다리가 생기는 대신 목소리를 잃게 되는 물약이었지요. 인어 공주는 마법사가 준 물약을 마셨어요. 이제 인어 공주에게 어떤 일이 일어날까요? 인어 공주는 사람처럼 걸어 다닐 수 있겠지만, 목소리가 나오지 않을 거예요. 이처럼 앞에서 일어난 일을 차례대로 살펴보고 다음에 인물에게 일어날 일을 짐작해 보면, 뒷이야기를 쉽게 상상할 수 있어요.

이렇게 해요!

① 일이 일어난 차례를 생각하며 이야기를 읽어요.

② 다음에 인물에게 어떤 일이 일어날지 떠올려 보고, 이어질 뒷이야기를 상상해요.

> 일이 일어난 차례는 시간이나 장소의 변화를 파악하면 잘 알 수 있어.

확인 문제

■ 다음 글을 읽고, 이어질 뒷이야기를 알맞게 상상한 것에 ○표 하세요.

배고픈 여우가 숲속을 어슬렁거리다가 까마귀를 발견했어요. 까마귀는 나무 위에 앉아 치즈를 입에 물고 있었어요. 여우는 먹음직스러워 보이는 치즈에서 눈을 떼지 못했어요.

'어떻게 하면 저 치즈를 빼앗을 수 있을까?'

곰곰이 생각하던 여우는 한 가지 꾀를 떠올렸어요. 여우는 나무에 다가가 까마귀를 보고 깜짝 놀라는 척했어요.

"당신은 까마귀 님이 아니십니까? 세상에서 가장 아름다운 목소리를 가진 새가 까마귀 님이라고 들었어요. 그 아름다운 목소리로 노래 한 곡만 불러 주시면 안 될까요?"

간곡히 부탁하는 여우의 말에 까마귀는 우쭐해졌어요.

'내 노랫소리를 이토록 듣고 싶어 하니, 살짝만 들려줘야겠어.'

까마귀는 여우에게 노래를 불러 주기 위해 입을 크게 벌렸어요.

— 이솝, 「여우와 까마귀」 중

> 여우는 까마귀에게 왜 노래를 불러 달라고 했을까?

(1) 노래를 듣고 감동한 여우가 까마귀에게 치즈를 준다. (　　)

(2) 까마귀가 떨어뜨린 치즈를 여우가 잽싸게 주워 먹는다. (　　)

돌멩이 수프

동화 | 881자

마을 사람들은 힘든 겨울을 보내고 있었습니다. *흉년이 들어 먹을 것이 부족했기 때문입니다.

그러던 어느 날, 한 나그네가 마을에 찾아왔습니다. *허기진 나그네는 마을을 돌아다니며 음식을 구했습니다. 하지만 마을 사람들은 모두 나그네의 부탁을 거절했습니다.

"미안해요. 우리 가족이 먹을 음식도 모자라거든요."

"그럼 냄비라도 빌릴 수 있을까요? 수프를 만들어 먹으려고요."

냄비를 빌린 나그네는 마을 한가운데에 있는 *광장으로 갔습니다. 나그네는 *장작을 쌓아 불을 피우고 냄비에 물을 부었습니다. 그리고 냄비를 불 위에 올리기 전에 가방에서 돌멩이 하나를 꺼내 냄비에 퐁당 넣었습니다. 나그네의 행동을 이상하게 여긴 마을 사람이 나그네에게 말을 걸었습니다.

"왜 돌멩이를 냄비에 넣는 겁니까?"

"돌멩이 수프를 만들고 있거든요. 이 돌멩이를 물에 넣고 끓이면 아주 맛있는 수프가 만들어진답니다."

나그네가 돌멩이로 수프를 만든다는 소식은 금세 온 마을에 퍼졌습니다. ㉠이 소식을 들은 마을 사람들은 광장으로 나와 나그네가 돌멩이 수프를 만드는 모습을 구경했습니다. 나그네는 팔팔 끓는 돌멩이 수프를 한 숟갈 떠먹었습니다. 돌멩이 수프에서는 맹물 맛만 났지만, 나그네는 미소를 지으며 고개를 끄덕였습니다.

"아주 훌륭한 맛이야. 여기에 다른 재료를 조금만 더 넣으면 훨씬 맛있어질 텐데……."

마을 사람들은 돌멩이 수프를 먹고 싶어 입맛을 다셨습니다.

"집에 양배추가 있는데, 그걸 넣는 건 어때요?"

"버섯을 넣어도 좋겠네요. 마침 어제 버섯을 사 두었어요."

마을 사람들의 말에 나그네는 활짝 웃으며 말했습니다.

"좋은 생각이에요! 그 재료들을 수프에 넣고 다 같이 나누어 먹어요."

마을 사람들은 집에 있는 음식 재료를 하나씩 가져와 수프에 넣었습니다. 다양한 재료로 가득 찬 수프에서는 맛있는 냄새가 솔솔 *풍겼습니다.

어휘 풀이

□ **흉년** 농사가 잘되지 않아 다른 때보다 수확이 적은 해.

□ **허기진** 몹시 굶어 기운이 빠진.

□ **광장** 많은 사람이 모일 수 있게 거리에 만들어 놓은, 넓은 빈터.

□ **장작** 나무를 길게 쪼개 만든 땔나무.

□ **풍겼습니다** 냄새가 났습니다.

1

내용
이해

○의 내용은 무엇인가요?   (   )

① 한 나그네가 마을에 찾아왔다.

② 나그네가 마을 사람에게 냄비를 빌렸다.

③ 올해는 흉년이 들어 먹을 것이 부족하다.

④ 나그네가 광장에서 돌멩이로 수프를 만들고 있다.

⑤ 마을 사람들이 나그네에게 음식을 나누어 주지 않았다.

2

구조
파악

이 글에서 일이 일어난 차례에 맞게 기호를 쓰세요.

> ㉮ 나그네가 가방에서 돌멩이를 꺼내 물이 담긴 냄비에 넣었다.
>
> ㉯ 마을 사람들이 집에 있는 음식 재료를 가져와 수프에 넣었다.
>
> ㉰ 나그네가 수프에 다른 재료를 넣으면 훨씬 맛있어질 것이라고 말했다.

(   ) → (   ) → (   )

3

★ 추론

전략 적용

이 글의 뒷이야기를 알맞게 상상한 것에 ○표 하세요.

(1) 나그네가 마을 사람들 때문에 수프를 망쳤다며 성을 낸다.   (   )

(2) 마을 사람들이 수프에서 맹물 맛만 난다며 나그네에게 따진다.   (   )

(3) 나그네와 마을 사람들이 수프를 나누어 먹고 맛있다고 감탄한다.   (   )

💡 어떻게 알았나요?

수프에서는 [   ][   ][   ] 냄새가 솔솔 풍겼어요.

4

★ 추론

나그네가 돌멩이로 수프를 만든 까닭을 알맞게 짐작한 친구의 이름을 쓰세요.

> 찬미: 마을 사람들의 관심을 끌어 다양한 재료를 넣은 수프를 만들기 위해서야.
>
> 선후: 맛있는 수프를 만들어 주는 돌멩이를 마을 사람들에게 자랑하고 싶어서야.

(   )

선비와 거위 똥

어느 날 저녁, 한 선비가 주막집을 찾았어요. 선비는 주막집 마루에서 하룻밤을 묵기로 했어요. 선비가 마루에 짐을 풀고 있는데, 주막집 주인의 아이가 마당에 나와 노는 모습이 보였어요. 아이는 커다란 진주알을 손 안에서 굴리며 즐거워하고 있었어요. 그런데 잠시 후 아이가 진주알을 땅에 뚝 떨어뜨렸어요.

"앗, 내 진주알!"

진주알은 때마침 마당에 있던 거위 앞으로 굴러갔어요. 거위는 눈 깜짝할 사이에 진주알을 삼켜 버렸지요. 아이는 마당 곳곳을 살펴보았지만 도통 진주알을 찾을 수 없었어요. 아이는 주막집 주인에게 쪼르르 달려가 진주알을 잃어버렸다고 말했어요. 선비를 도둑으로 의심한 주막집 주인은 마루로 가서 선비를 추궁했어요.

"당신이 진주알을 가져간 것 아니오? 얼른 진주알을 내놓으시오."

㉠"나는 모르는 일이오."

"거짓말하지 마시오. 해가 뜨면 당신을 관가로 끌고 가 혼내 줄 것이오."

주막집 주인은 선비를 밧줄로 꽁꽁 묶어 도망치지 못하게 했어요.

"나를 묶어도 좋으니, 저 거위를 내 옆에 매어 주시오."

주막집 주인은 의아해하면서도 선비의 말대로 해 주었어요.

다음 날 아침, 선비는 자신을 관가로 끌고 가려는 주막집 주인에게 말했어요.

"거위가 아침에 똥을 싼 모양인데, 그 똥을 한번 뒤져 보시겠소?"

주막집 주인은 막대기로 똥을 뒤져 보았어요. 그런데 선비가 훔친 줄 알았던 진주알이 똥 속에서 반짝거리고 있지 뭐예요? 이를 본 주막집 주인이 선비에게 물었어요.

"왜 거위가 진주알을 삼켰다고 말하지 않았소?"

"내가 본 것을 말했으면 당신은 진주알을 찾으려고 거위의 배를 갈랐을 것이오. 거위가 죽는 것보다야 내가 하룻밤 묶여 있는 것이 낫지요."

어휘 풀이

- **주막집** 옛날에 시골 길가에서 밥을 팔고, 돈을 받고 나그네를 머물게 하던 집.
- **묵기** 손님으로 머물기.
- **도통** 아무리 해도.
- **의심한** 확실히 알 수 없어서 믿지 못한.
- **추궁했어요** 잘못한 일을 샅샅이 따져서 밝혔어요.
- **관가** 옛날에 나라의 일을 보던 곳.
- **의아해하면서** 의심스럽고 이상하게 여기면서.

1 거위가 삼킨 것이 무엇인지 빈칸에 알맞은 낱말을 쓰세요.

내용
이해

☐☐☐

2 이 글에서 '다음 날 아침'에 일어난 일을 찾아 기호를 쓰세요.

내용
이해

> ㉮ 아이가 마당에서 진주알을 떨어뜨렸다.
> ㉯ 주막집 주인이 거위의 똥을 뒤져 보았다.
> ㉰ 주막집 주인이 선비를 의심하여 추궁했다.
> ㉱ 선비가 거위를 자기 옆에 매어 달라고 말했다.

(　　　　　)

3 선비가 ㉠을 말할 때 했을 생각으로 알맞은 것에 ○표 하세요.

★ 추론

(1) '난 진주알이 어디에 있는지 정말 몰라.'　　　　　　　　(　)

(2) '주막집 주인 몰래 거위의 배를 갈라 진주알을 가져가야겠어.'　(　)

(3) '거위 뱃속에 진주알이 있는 것을 알면 주인이 거위를 죽일지도 몰라.' (　)

전략 적용

4 이 글의 뒷이야기를 알맞게 상상한 것은 무엇인가요?　(　　　)

★ 추론

① 주막집 주인이 거위의 배를 가른다.

② 주막집 주인이 선비를 관가로 끌고 간다.

③ 주막집 주인이 선비를 계속 도둑으로 의심한다.

④ 주막집 주인이 선비에게 사과하며 밧줄을 풀어 준다.

⑤ 주막집 주인이 아이를 불러 거짓말을 하면 안 된다고 혼낸다.

💡 어떻게 알았나요?

주막집 주인은 ☐☐가 진주알을 훔치지 않았다는 것을 알게 되었어요.

북풍이 준 선물

동화 | 933자

옛날에 아픈 엄마를 •보살피며 사는 소년이 있었어요. 어느 날 소년이 이웃에게 밀가루를 빌려 집으로 돌아가는데, 갑자기 거센 •북풍이 불어 밀가루가 폴폴 날아가 버렸어요. 울상이 된 소년은 북풍을 찾아가 밀가루를 돌려 달라고 했어요. 소년의 말을 들은 북풍이 말했어요.

"나는 그저 한숨을 쉬었을 뿐인데……. 그래도 미안하니 이것을 주마. 펼치기만 하면 음식이 나오는 요술 •식탁보란다."

요술 식탁보를 받은 소년은 다시 집으로 향했어요. 하지만 얼마 못 가 날이 어두워지고 말았어요. 소년은 가까운 집을 찾아가 문을 두드렸어요.

"혹시 하룻밤만 재워 주실 수 있나요?"

다행히 집주인 아주머니가 소년에게 빈방을 내주었어요. 소년은 방에 들어가 얼른 요술 식탁보를 펼쳐 보았어요. 그러자 식탁보 위에 •진수성찬이 차려졌어요.

"정말 음식이 나오잖아! 이제 엄마께 매일 맛있는 음식을 차려 드려야지."

소년은 기뻐하며 음식을 맛있게 먹었어요.

그 모습을 •엿보던 집주인 아주머니는 소년의 요술 식탁보가 몹시 탐났어요. 아주머니는 소년이 잠든 사이에 요술 식탁보를 훔치고 평범한 식탁보를 가져다 놓았어요.

다음 날, 집에 돌아온 소년은 식탁보를 펼쳤어요. 하지만 아무리 식탁보를 펼쳐 봐도 음식이 나오지 않았어요. 소년은 북풍을 찾아가 식탁보의 요술이 사라졌다고 말했어요.

"참 이상하구나. 그럼 이번엔 요술 지팡이를 줄게. 이 지팡이는 때리라고 말하면 계속 쫓아가서 때리는 물건이란다."

소년이 요술 지팡이를 들고 집으로 돌아가는데 또다시 밤이 되었어요. 소년은 어제 묵었던 집을 찾아가 한 번 더 재워 달라고 부탁했어요. 집주인 아주머니는 소년의 지팡이를 보고 미소를 지었어요.

'저 지팡이는 또 어떤 요술을 부리려나?'

아주머니는 소년을 반기며 방으로 들였어요. 소년의 방이 조용해지자 아주머니는 •슬그머니 방문을 열고 요술 지팡이 쪽으로 다가갔어요. 그때 아직 깨어 있던 소년이 벌떡 일어났어요.

어휘 풀이

- ☐ **보살피며** 정성껏 돌보고 도우며.
- ☐ **북풍** 북쪽에서 불어오는 바람.
- ☐ **식탁보** 식탁에 까는 보자기.

- ☐ **진수성찬** 푸짐하게 잘 차린 귀하고 맛있는 음식.
- ☐ **엿보던** 남이 알지 못하게 몰래 보던.
- ☐ **슬그머니** 남이 잘 알아차리지 못하게 몰래.

1 소년이 처음 북풍을 찾아간 까닭으로 알맞은 것에 ○표 하세요.

내용
이해

(1) 밀가루와 요술 식탁보를 바꾸려고　　　　　　　　　　　　　　（　　　　）

(2) 바람에 날아간 밀가루를 돌려받으려고　　　　　　　　　　　　（　　　　）

(3) 식탁보의 요술이 사라졌다고 말하려고　　　　　　　　　　　　（　　　　）

2 이 글에서 일어난 일로 알맞지 <u>않은</u> 것은 무엇인가요?　　（　　　　）

내용
이해

① 북풍이 소년에게 요술 식탁보를 주었다.

② 집주인 아주머니가 소년에게 빈방을 내주었다.

③ 소년이 요술 식탁보를 펼쳐 엄마에게 음식을 차려 주었다.

④ 소년이 요술 지팡이를 들고 어제 묵었던 집을 다시 찾아갔다.

⑤ 집주인 아주머니가 방문을 열고 요술 지팡이 쪽으로 다가갔다.

💡 **어떻게 알았나요?**

집에 돌아온 소년은 식탁보를 펼쳐 보았지만 ☐☐ 이 나오지 않았어요.

3 【전략 적용】

다음은 이 글의 뒷이야기입니다. ㉠과 ㉡에 들어갈 알맞은 낱말을 빈칸에 쓰세요.

★ 추론

> 소년은 "때려라!"라고 소리쳤어요. 그러자 요술 ☐㉠☐ 가 아주머니를 때렸
> 어요. 아주머니는 울면서 어제 훔친 요술 ☐㉡☐ 를 소년에게 돌려주었어요.

(1) ㉠: ☐☐☐　　　　　　　　(2) ㉡: ☐☐☐

4 이 글에 나온 인물에 대한 생각을 알맞게 말한 친구의 이름을 쓰세요.

평가

> 승수: 집주인 아주머니는 욕심이 많아. 소년의 물건을 두 번이나 훔치려고 했잖아.
>
> 민아: 소년은 지혜로워. 북풍을 설득해서 요술을 부리는 물건을 두 개나 얻었잖아.

（　　　　　　　　　）

1 다음 낱말의 뜻으로 알맞은 것을 찾아 선으로 이으세요.

(1) 보살피며 •

(2) 추궁했어요 •

(3) 풍겼습니다 •

• ① 냄새가 났습니다.

• ② 정성껏 돌보고 도우며.

• ③ 잘못한 일을 샅샅이 따져서 밝혔어요.

2 빈칸에 알맞은 낱말을 보기 에서 찾아 쓰세요.

보기　　　　　광장　　　도통　　　북풍

(1) 자전거를 타고 □□ 을 한 바퀴 돌았다.

(2) 우리나라는 겨울철에 □□ 이 자주 분다.

(3) 어제 갔던 가게의 이름이 □□ 생각나지 않는다.

3 밑줄 친 낱말이 알맞게 쓰이지 않은 것에 ∨표 하세요.

(1) 나는 주말에 할머니 댁에서 묵기로 했다. □

(2) 간식을 잔뜩 먹어 허기진 상태로 집에 들어갔다. □

(3) 어머니께서 한 상 가득히 진수성찬을 차려 주셨다. □

4 '흉년', '거절하다'와 뜻이 반대되는 낱말을 보기 에서 찾아 각각 쓰세요.

반대되는
말

| 보기 | 작년 | 풍년 | 거부하다 | 승낙하다 |

흉년
뜻 농사가 잘되지 않아
다른 때보다 수확이 적은 해.

↔

(1) ☐☐
뜻 농사가 잘되어 다른 때보다
수확이 많은 해.

거절하다
뜻 다른 사람의 부탁이나 제안,
선물 등을 받아들이지 않다.

↔

(2) ☐☐☐☐
뜻 남이 부탁하는 것을 들어주다.

5 다음을 읽고, 밑줄 친 말이 어울리는 상황에 ∨표 하세요.

관용
표현

사람은 보통 1분에 15~20번 정도 눈을 깜빡여요. 하지만 눈을 감았다 뜨는 데 걸리는 시간이 아주 짧기 때문에, 우리는 평소에 눈을 이렇게나 자주 깜빡인다는 사실을 잘 느끼지 못해요. '눈 깜짝할 사이'라는 말은 눈을 한 번 감았다 뜰 때처럼 매우 짧은 순간을 뜻하는 말이에요.

(1) 몹시 배가 고파서 밥 한 공기를 순식간에 다 먹은 상황. ☐

(2) 잃어버린 동전을 찾으려고 바닥을 찬찬히 살피는 상황. ☐

인물의 모습과 행동 상상하기

아주 먼 옛날에는 낙타의 등에 혹이 없었어요.

낙타는 아주 게을렀어요. 다른 동물들이 열심히 일해도 그저 빈둥거렸지요. "아이, 편해. 역시 쉬는 게 최고야."

개념 이해

위의 이야기를 읽으며 낙타의 모습과 행동을 상상해 보세요. 매끈한 등을 가진 낙타의 모습이 그려질 거예요. 그리고 한가롭게 누워서 나른한 목소리로 "아이, 편해."라고 말하는 것이 떠오를 거예요. 이렇듯 인물의 생김새와 인물이 처한 상황을 살피면서 글을 읽으면, 인물의 모습과 행동을 잘 상상할 수 있어요.

이렇게 해요!

① 인물의 생김새가 나타난 부분을 보고 인물의 모습을 상상해요.

② 인물이 처한 상황을 이해하고, 그에 맞는 목소리와 표정, 몸짓 등
   인물의 행동을 상상해요.

> 인물의 모습과 행동을
> 상상하면 인물의 마음을
> 잘 이해할 수 있어.

확인 문제

■ 다음 글을 읽고, ㉠에서 임금님의 모습과 행동이 어떠할지 알맞게 상상한
   것에 ○표 하세요.

> 재봉사는 임금님께 두 손을 내밀며 말했어요.
> "임금님, 제가 임금님께 어울리는 아주 근사한 옷을 만들었습니다.
> 이렇게 아름다운 옷은 세상 어디에도 없을 것입니다. 게다가 이 옷
> 은 어리석은 사람에게는 보이지 않는 신기한 옷입니다."
> 하지만 임금님의 눈에는 아무것도 보이지 않았어요. 임금님은 자신
> 이 어리석은 사람으로 보일까 봐 거짓말을 했어요.
> "옷이 마음에 쏙 드는구나. 얼른 이 옷을 입고 나가야겠다!"
> 성 밖은 임금님의 신기한 옷을 구경하러 온 사람들로 가득했어요.
> 사람들은 임금님이 벌거벗은 것을 보고 놀랐지만, 어리석다고 놀림 받
> 기 싫어서 가만히 있었어요. 그때 한 아이가 외쳤어요.
> "임금님은 옷을 입지 않았어요! 벌거벗은 임금님이에요!"
> ㉠아이의 말을 들은 임금님은 그제야 자신이 사기꾼 재봉사에게
> 속았다는 사실을 깨달았어요.
>
> ― 한스 안데르센, 「벌거벗은 임금님」 중

> 임금님은 아이의 말을 듣고
> 자신이 벌거벗고 있다는
> 것을 깨달았어.

(1) 벌거벗은 임금님이 부끄러워하며 고개를 푹 숙인다.   (   )

(2) 신기한 옷을 입은 임금님이 흐뭇해하며 미소를 짓는다.   (   )

(3) 아름다운 옷을 입은 임금님이 자신 있게 어깨를 으쓱한다.   (   )

떡시루 잡기 시합

동화 | 823자

📖 교과 연계
국어활동 2-2 마음을 전해요

어느 날, 두꺼비와 호랑이는 함께 떡을 만들어 먹기로 했어요. 둘은 떡시루에 쌀가루를 넣고 팥고물을 잔뜩 올려 맛있는 떡을 쪘어요.

떡시루에서 고소한 냄새가 솔솔 나자, 호랑이는 욕심이 생겼어요. 두꺼비와 떡을 나누어 먹지 않고 혼자 다 먹고 싶어진 거예요. 호랑이는 두꺼비에게 말을 걸었어요.

"두꺼비야, 나랑 시합할래? 떡시루를 언덕 아래로 굴린 다음에 그 떡시루를 쫓아가서 먼저 잡는 쪽이 떡을 다 먹는 거야."

"싫어. 나는 너보다 덩치도 작고 달리기도 느리잖아. 내가 너무 불리해."

두꺼비가 싫다고 했지만, 호랑이는 두꺼비의 말을 들은 체도 하지 않았어요. 그러고는 떡시루를 들고 언덕 위로 올라가 버렸어요. 두꺼비도 어쩔 수 없이 호랑이를 따라갔어요.

"내가 떡시루를 굴리고 나서 하나, 둘, 셋을 외치면 동시에 뛰는 거야."

호랑이는 언덕 아래로 떡시루를 굴렸어요.

"하나, 둘, 셋!"

호랑이와 두꺼비는 언덕 아래로 데굴데굴 굴러가는 떡시루를 향해 뛰었어요. 호랑이가 긴 다리로 성큼성큼 뛰어가다 뒤를 돌아보니, 두꺼비는 저 위에서 짧은 다리로 폴짝폴짝 뛰어오고 있었지요.

호랑이는 언덕 아래에 먼저 도착해서 굴러오는 떡시루를 잡았어요. 그런데 떡시루 안에 떡은 없고 팥고물만 조금 남아 있었어요.

"아니, 이게 어떻게 된 일이야. 떡이 어디로 사라진 거지?"

호랑이는 떡시루를 들고 언덕을 올라가 보았어요. 아니나 다를까 두꺼비가 땅에 떨어진 떡을 주워 먹고 있었지요.

"냠냠! 떡 맛이 아주 꿀맛이네."

그 모습을 본 호랑이는 화가 나서 두꺼비에게 팥고물을 던졌어요. 팥고물은 두꺼비의 등에 찰딱 달라붙었어요. 그때부터 두꺼비의 등은 팥고물로 범벅이 되어 우둘투둘해졌답니다.

어휘 풀이

☐ **떡시루** 떡을 찌는 데 쓰는, 바닥에 작은 구멍이 여러 개 뚫려 있는 둥근 질그릇.

☐ **팥고물** 떡에 묻혀 맛을 내기 위해, 팥을 삶아 으깨어 만든 가루.

☐ **불리해** 조건이나 입장 등이 이롭지 않아.

☐ **동시** 같은 때.

☐ **달라붙었어요** 끈기 있게 찰싹 붙었어요.

1 호랑이가 두꺼비에게 어떤 시합을 하자고 했는지 빈칸에 알맞은 낱말을 쓰세요.

내용
이해

를 언덕 아래로 굴려 먼저 잡는 쪽이 을 다 먹는 시합

2 이 글에서 일이 일어난 차례에 맞게 기호를 쓰세요.

구조
파악

> ㉮ 호랑이가 잡은 떡시루 안에 떡이 없었다.
> ㉯ 호랑이와 두꺼비가 언덕 아래로 굴러가는 떡시루를 향해 뛰었다.
> ㉰ 언덕을 올라간 호랑이가 땅에 떨어진 떡을 주워 먹는 두꺼비를 보았다.

( ) → ( ) → ( )

3 이 글을 읽고 짐작한 내용을 <u>잘못</u> 말한 친구의 이름을 쓰세요.

★추론

> 명서: 호랑이는 두꺼비가 떡시루를 굴리기 전에 출발한 것을 알고 화가 났을 거야.
> 보훈: 호랑이는 자신이 이길 거라고 생각해서 두꺼비에게 시합을 하자고 했을 거야.
> 대희: 호랑이가 욕심을 부리지 않았다면 두꺼비와 떡을 나누어 먹을 수 있었을
> 거야.

( )

전략 적용

4 호랑이가 두꺼비에게 팥고물을 던진 뒤 두꺼비의 모습으로 알맞은 것에 ○표 하세요.

★추론

(1)
( )

(2)
( )

(3)
( )

💡 어떻게 알았나요?

호랑이가 던진 팥고물은 두꺼비의 에 달라붙었어요.

심술쟁이 사또

국 | 752자

막이 열리면 사또가 의자에 앉아 있다.

사또: 심심한데 어디 놀릴 사람 없나……. (크게 외치며) 여봐라, 거기 이방 있느냐?

이방: 예, 사또 나리. 무슨 일로 부르셨습니까?

사또: 갑자기 달콤한 산딸기가 먹고 싶구나. 얼른 나가서 구해 오거라.

이방: (눈을 크게 뜨며) 산딸기요? 사또 나리, 지금은 추운 겨울입니다. 산을 아무리 뒤져도 산딸기를 구할 수 없을 것입니다.

사또: (버럭 화를 내며) 지금 내게 대드는 것이냐? 내일까지 산딸기를 구해 오지 않으면, 아주 큰 벌을 받게 될 것이다.

이방의 집. 이방이 방에 누워 있다. 이방의 아들이 이방에게 다가간다.

이방의 아들: (걱정스러운 표정으로) 아버지, 무슨 일 있으십니까?

이방: (⃝㉠) 아들아, 이를 어쩌니? 내일까지 사또에게 산딸기를 바치지 않으면 큰 벌을 받게 생겼단다.

이방의 아들: (미소를 지으며) 아버지, 제게 좋은 방안이 있습니다. 그러니 걱정하지 마세요.

다음 날, 이방의 아들이 사또를 찾아간다.

이방의 아들: (울먹거리며) 사또 나리, 저희 아버지께서 편찮으셔서 제가 대신 왔습니다.

사또: (고개를 갸웃거리며) 어제는 멀쩡했는데……. 무슨 일이 있었느냐?

이방의 아들: 어제 아버지께서 산딸기를 따려고 산에 갔다가 그만 커다란 뱀에게 발을 물려 버리고 말았습니다.

사또: (⃝㉡) 예끼, 이 녀석. 말이 안 되는 소리를 하는구나. 지금은 겨울인데 어찌 산에 뱀이 있단 말이냐?

이방의 아들: 겨울 산에 산딸기도 있는데, 뱀이라고 없겠습니까?

사또: 그건…….

얼굴이 빨개진 사또가 황급히 방에 들어간다.

1
내용
이해

사또가 이방에게 구해 오라고 한 것이 무엇인지 빈칸에 알맞은 낱말을 쓰세요.

2
내용
이해

이 글의 내용으로 알맞은 것은 무엇인가요? (   )

① 이방이 산에 갔다가 뱀에게 물렸다.

② 사또가 의자에 앉아 산딸기를 먹었다.

③ 사또가 방에 누워 있는 이방을 찾아갔다.

④ 이방의 아들이 아버지를 대신해 큰 벌을 받았다.

⑤ 이방의 아들이 사또에게 아버지가 편찮으시다고 말했다.

3
★ 추론

전략 적용

㉠, ㉡에 어울리는 인물의 행동을 찾아 선으로 이으세요.

(1) ㉠ •   •① | 어이없다는 듯이 코웃음을 치며 |

(2) ㉡ •   •② | 어두운 얼굴로 한숨을 크게 내쉬며 |

💡 어떻게 알았나요?

사또는 지금이 겨울이기 때문에 산에 [   ] 이 없을 것이라고 생각했어요.

4
★ 추론

사또가 황급히 방에 들어간 까닭으로 알맞은 것에 ○표 하세요.

(1) 겨울 산에 뱀이 없다는 사실을 몰랐던 것이 부끄러웠기 때문이다.   (   )

(2) 자신의 요구가 말이 안 되는 소리임을 들켜서 당황했기 때문이다.   (   )

(3) 이방의 아들이 자신에게 대드는 모습을 보고 화가 났기 때문이다.   (   )

3

행복한 왕자 | 오스카 와일드

동화 | 939자

옛날 한 마을에 '행복한 왕자'라고 불리는 •동상이 서 있었어요. 행복한 왕자는 온몸이 번쩍이는 금으로 덮여 있었고, 두 눈은 푸른 사파이어였어요. 그리고 붉은 루비가 박힌 •칼자루도 쥐고 있었어요. 사람들은 행복한 왕자의 아름다운 모습을 보며 언제나 감탄했어요.

바람이 •매섭게 불던 어느 겨울날, 제비 한 마리가 따뜻한 나라로 날아가다가 잠시 행복한 왕자의 어깨 위에 앉았어요. 그때 왕자의 눈에서 눈물이 또르르 흘러내렸어요. 깜짝 놀란 제비가 왕자에게 물었어요.

"왕자님, 왜 울고 계시나요?"

㉠ "가난해서 힘들게 살아가는 사람들을 보니 마음이 아프구나. 제비야, 네가 나를 도와주지 않으련? 내 칼자루에 박힌 루비를 저 집에 사는 아픈 아이에게 가져다주렴."

제비는 왕자의 부탁대로 칼자루에서 루비를 떼어 내 아픈 아이에게 물어다 주었어요. 다음 날, 왕자가 또 제비에게 부탁했어요.

"사파이어로 된 내 눈을 가난한 작가와 성냥팔이 소녀에게 가져다주렴."

제비는 또다시 왕자의 부탁을 들어주었어요. 눈을 잃은 왕자는 영영 앞을 볼 수 없게 되었지요. 이후에도 왕자는 자기 몸을 덮고 있던 금을 조금씩 떼어 가난한 사람들에게 나누어 주었어요. 결국 행복한 왕자는 어두운 잿빛으로 변했어요.

왕자는 추위에 떨고 있는 제비에게 말했어요.

"이제 네게 부탁할 일이 없단다. 지금이라도 따뜻한 나라로 날아가렴."

"아니에요, 저는 왕자님을 떠나지 않을래요."

왕자의 따뜻한 마음을 알게 된 제비는 왕자의 곁을 지켜 주고 싶었어요. 하지만 제비는 유난히 추웠던 그날 밤을 넘기지 못하고 얼어 죽고 말았어요. 다음 날 아침이 되자, 사람들은 죽은 제비와 •볼품없이 변한 행복한 왕자를 치워 버렸어요.

어느 날, 하느님이 천사를 불러 세상에서 가장 귀한 두 가지를 가져오라고 명령했어요. 천사는 •주저 없이 죽은 제비와 행복한 왕자의 심장을 가져갔어요. 하느님은 왕자와 제비가 하늘나라에서 행복하게 살게 해 주었어요.

어휘 풀이

☐ **동상** 사람이나 동물 모양으로 만든 기념물.

☐ **칼자루** 칼을 안전하게 쥘 수 있도록 칼의 한쪽 끝에 달린 손잡이.

☐ **매섭게** 정도가 매우 심하게.

☐ **볼품없이** 겉으로 드러나 보이는 모습이 초라하게.

☐ **주저** 머뭇거리며 망설임.

1 이 글의 내용으로 알맞지 <u>않은</u> 것에 ✕표 하세요.

내용
이해

(1) 어느 겨울날에 제비가 행복한 왕자의 어깨 위에 앉았다. ( )

(2) 천사는 죽은 제비와 행복한 왕자의 심장을 하느님에게 가져갔다. ( )

(3) 행복한 왕자가 가난한 작가와 성냥팔이 소녀에게 사파이어를 가져다주었다.

( )

전략 적용

2 행복한 왕자가 ㉠을 말하는 목소리로 알맞은 것은 무엇인가요? ( )

★ 추론

① 당당한 목소리 ② 즐거운 목소리 ③ 두려워하는 목소리

④ 장난스러운 목소리 ⑤ 안타까워하는 목소리

전략 적용

3 행복한 왕자의 모습이 변한 순서에 맞게 기호를 쓰세요.

★ 추론

㉮ ㉯ ㉰

( ) → ( ) → ( )

💡 어떻게 알았나요?

행복한 왕자는 가난한 사람들을 도와주다가 결국 어두운 [ ][ ]으로 변했어요.

4 이 글을 읽고 든 생각을 알맞게 말한 친구의 이름을 쓰세요.

창의

하은: 행복한 왕자가 가난한 사람들에게 베푼 것처럼, 나도 어려운 사람들에게
도움을 주는 삶을 실고 싶어.

민준: 제비가 행복한 왕자에게 은혜를 갚는 모습을 보면서, 나도 고마운 사람에
게 꼭 보답해야겠다고 생각했어.

( )

어휘 익히기

1 다음 낱말의 뜻으로 알맞은 것을 찾아 선으로 이으세요.

(1) 떡시루 •

(2) 매섭게 •

(3) 편찮으셔서 •

• ① 병을 앓고 계셔서.

• ② 정도가 매우 심하게.

• ③ 떡을 찌는 데 쓰는, 바닥에 작은 구멍이 여러 개 뚫려 있는 둥근 질그릇.

2 빈칸에 알맞은 낱말을 보기 에서 찾아 쓰세요.

보기　　　　　　　동상　　　동시　　　방안

(1) 친구와 나는 [　][　] 에 선생님을 불렀다.

(2) 우리 가족은 전기를 아껴 쓸 [　][　] 을 고민했다.

(3) 광화문 광장에는 이순신 장군의 [　][　] 이 세워져 있다.

3 밑줄 친 낱말이 알맞게 쓰이지 않은 것에 ∨표 하세요.

(1) 도둑은 경찰을 보고 황급히 달아났다. □

(2) 누군가가 버린 껌이 신발에 달라붙었어요. □

(3) 여러 색깔의 색연필로 그림을 볼품없이 꾸몄다. □

4 '불리하다', '행복하다'와 뜻이 반대되는 낱말을 보기 에서 찾아 각각 쓰세요.

반대되는
말

| 보기 | 다행하다 | 불행하다 | 유리하다 | 유용하다 |

불리하다
뜻 조건이나 입장 등이
이롭지 않다.

⟷ (1) ☐ ☐ ☐ ☐
뜻 이로움이 있다.

행복하다
뜻 삶에서 충분한 만족과
기쁨을 느껴 흐뭇하다.

⟷ (2) ☐ ☐ ☐ ☐
뜻 행복하지 않다.

5 다음을 읽고, 밑줄 친 속담이 어울리는 상황에 V표 하세요.

관용
표현

　　예로부터 우리 조상들은 하늘을 중요하게 생각했어요. 농사가 잘되려면 비와 햇빛을 내려 주는 하늘의 도움이 필요했기 때문이에요. 그래서 하늘이 무너지는 일은 아주 두려운 일이었을 거예요. '하늘이 무너져도 솟아날 구멍이 있다.'라는 속담은 하늘이 무너지는 것처럼 아무리 어려운 경우에 처하더라도 살아 나갈 방법이 생긴다는 뜻이에요. 그러니 힘들더라도 끝까지 포기하지 않는 태도가 중요하답니다.

(1) 일찍 일어났지만 느긋하게 학교에 갈 준비를 하다가 지각한 상황. ☐

(2) 밤에 산에서 길을 잃었지만 산악 구조대 덕분에 무사히 구조된 상황. ☐

알맞은 문장 짐작하기

개념 이해

아이가 양손에 들고 있는 카드 중 물음표가 그려진 자리에 들어갈 카드는 어느 것일까요? 앞뒤 카드의 내용을 살펴보면 알맞은 카드를 짐작할 수 있어요. 땀이 나고 더울 때는 차가운 것을 먹으면 시원해지지요. 그러니 물음표가 그려진 자리에 들어갈 카드는 '차가운 물을 마셨다.'일 거예요. 이처럼 빈칸에 알맞은 문장을 짐작하기 위해서는 빈칸의 앞뒤 내용을 잘 파악해야 해요.

① 글을 읽고 전체적인 내용을 이해해요.

② 빈칸의 앞뒤 내용을 살펴보고, 빈칸에 들어갈 문장이 무엇일지 짐작해요.

> 짐작한 문장을 빈칸에 넣어 본 다음, 흐름이 자연스러운지 꼭 확인해 보자.

확인 문제

■ 다음 글을 읽고, 빈칸에 들어갈 알맞은 문장에 ○표 하세요.

에펠 탑은 프랑스 파리 중심부에 있는 높은 철탑이에요. 매년 수많은 관광객이 에펠 탑을 보기 위해 파리를 찾아요. 하지만 [   ] 당시 사람들에게는 철로 만든 뼈대가 그대로 드러난  건축물이 낯설었기 때문이에요. 또 낮은 건물이 많은 파리에 거대한 에펠 탑이 어울리지 않는다며 반대하기도 했어요.

시간이 흘러 에펠 탑의 모습에 익숙해지자, 사람들은 더 이상 에펠 탑을 이상하게 여기지 않았어요. 오히려 에펠 탑의 우아함과 아름다움을 칭찬했지요. 에펠 탑은 지금까지도 전 세계 사람들의 사랑을 받고 있어요.

> 이 글은 에펠 탑에 대한 사람들의 생각이 어떻게 바뀌었는지 설명하고 있어.

(1) 파리에는 에펠 탑 이외에도 유명한 관광지들이 많아요.　　(　　)

(2) 에펠 탑이 처음 세워졌을 때는 지금처럼 인기가 있지 않았어요.

　　　　　　　　　　　　　　　　　　　　　　　　　(　　)

(3) 에펠 탑이 지어지기 시작했을 때 사람들의 기대는 매우 컸어요.

　　　　　　　　　　　　　　　　　　　　　　　　　(　　)

1

코딱지를 먹어도 될까?

과학 735자

📖 교과 연계
나 2-1 신기한 나의 몸

콧속에 코딱지가 가득 차 있으면 답답하고 불편해요. 그래서 자기도 모르게 손가락으로 코를 후벼 코딱지를 파내게 되지요. 유난히 큰 코딱지를 파냈을 때는 코가 뻥 뚫리는 느낌이 들어요. 그러다 코딱지 맛이 궁금해서 슬며시 먹어 보면, 짭짤한 맛이 나서 자꾸만 먹고 싶어지기도 해요. 코딱지를 마음껏 파거나 먹어도 괜찮은 걸까요?

코딱지는 코가 우리 몸에 꼭 필요한 일을 하는 과정에서 생겨요. 코는 냄새를 맡는 일뿐만 아니라, 숨을 들이마시고 내쉬는 일을 해요. 우리가 숨을 들이마시면 콧속으로 공기가 들어와요. 그런데 공기에는 먼지, 세균과 같은 더러운 것들이 섞여 있어요. 이것들이 몸 안으로 들어오지 못하게 막아 주는 것이 코털과 콧물이에요. 코로 들어온 먼지와 세균은 코털에 걸리고 끈적한 콧물에 붙잡혀요. 코딱지는 바로 이 먼지와 세균, 콧물이 섞여 콧구멍에서 말라붙은 것이에요. 그러니 코딱지를 먹는 것은 애써 거른 먼지와 세균을 다시 몸 안에 넣는 것과 같아요.

|_____㉠_____| 코딱지를 파려면 콧구멍에 손가락을 넣어서 긁어내야 해요. 이때 콧속에 상처가 생겨 아프고 피가 날 수 있어요. 특히 씻지 않은 손으로 콧구멍을 파서는 안 돼요. 손에 묻어 있던 세균이 콧속의 상처로 들어갈 수 있기 때문이에요.

하지만 콧속에 가득 찬 코딱지를 가만히 두기도 어려워요. 그럴 때는 콧구멍을 파지 말고 휴지로 코를 푸는 것이 좋아요. 만약 코딱지가 딱딱하게 굳어서 잘 나오지 않으면, 세수를 하고 나서 콧속이 젖었을 때 코를 풀어요.

어휘 풀이

☐ **뚫리는** 막힌 것이 통하게 되는.

☐ **과정** 어떤 일이나 현상이 되어 가는 차례나 그 모습.

☐ **세균** 사람들을 병에 걸리게 하거나 음식을 썩게 하는 아주 작은 생물.

☐ **끈적한** 척척 들러붙을 만큼 끈끈한.

☐ **말라붙은** 물기가 바싹 졸거나 말라서 아주 없어진.

☐ **굳어서** 무르던 것이 단단하거나 딱딱하게 되어서.

1 이 글에서 가장 중요한 내용은 무엇인가요?   (   )

중심
생각

① 우리 몸에서 코가 하는 일

② 코에서 코딱지가 생기는 과정

③ 코딱지가 많이 생기는 날의 특징

④ 코딱지에서 짭짤한 맛이 나는 까닭

⑤ 코딱지를 먹거나 파면 안 되는 까닭

2 다음은 코딱지에 대한 설명입니다. 빈칸에 알맞은 낱말을 쓰세요.

내용
이해

숨을 들이마실 때 공기와 함께 코로 들어온 먼지와 [ ][ ]이 콧물과

섞여 [ ][ ][ ]에서 말라붙은 것이다.

전략 적용

3 ㉠에 들어갈 알맞은 문장은 무엇인가요?   (   )

★추론

① 코딱지가 생기지 않는 사람은 없어요.

② 코딱지를 파는 것도 위험한 행동이에요.

③ 코딱지를 판 뒤에는 손을 깨끗이 씻어야 해요.

④ 코딱지에 있는 먼지와 세균은 몸에 좋지 않아요.

⑤ 코딱지를 먹는 것은 안 되지만 파는 것은 괜찮아요.

4 이 글을 읽고 나서 코를 파려는 친구에게 해 줄 말로 알맞지 <u>않은</u> 것에 ✕표 하세요.

창의

(1) 코딱지를 파내려면 손가락을 깊이 넣어야 해.   (   )

(2) 콧속이 답답하면 휴지로 코를 푸는 것이 좋아.   (   )

(3) 딱딱한 코딱지를 없애려면 세수를 하고 나서 코를 풀어 봐.   (   )

💡 어떻게 알았나요?

코딱지를 파면 콧속에 [ ][ ]가 생길 수 있어요.

콩의 변신

인문 | 732자

📖 교과 연계
우리나라 1-1 우리나라 음식

콩은 동글동글한 모양에 담백한 맛이 나는 곡식이에요. 예로부터 우리 조상들은 콩으로 다양한 음식을 만들어 왔어요. 그리고 오늘날에도 콩은 식탁에서 빠질 수 없는 식재료예요. 콩밥, 콩국수, 콩자반 등 콩으로 만든 음식은 무궁무진해요. 그런데 [㉠   ] 콩이 이렇게 전혀 다르게 생긴 음식으로 변신하려면 조금 복잡한 과정을 거쳐야 해요.

▲ 두부

두부는 콩물을 굳혀서 만들어요. 단단한 콩을 물에 잘 불려서 갈면 콩물이 되어요. 이 콩물을 헝겊에 부어 건더기를 걸러 주어요. 걸러 낸 콩물을 냄비에 넣고 끓인 뒤에 간수를 넣고 천천히 저어요. 간수는 바닷물에서 소금을 만들고 남은 액체로, 콩물을 단단하게 굳히는 역할을 해요. 콩물에 물컹물컹한 덩어리가 생기기 시작하면, 네모난 틀에 헝겊을 깔고 콩물을 부어요. 마지막으로 틀 위를 헝겊으로 덮고 무거운 것으로 눌러 물기를 빼면 부드러운 두부가 완성되지요.

간장과 된장은 콩으로 빚은 메주로 만들어요. 콩을 푹 삶아서 절구에 넣고 으깬 다음, 뭉쳐서 네모 모양으로 빚은 것이 메주예요. 이렇게 만든 메주는 볏짚으로 묶어 잘 말려요. 메주가 다 말랐으면 소금물에 넣고 한두 달 정도 기다려요.

▲ 메주

그러면 소금물이 까매지는데, 이 소금물이 간장이고 남은 메주가 된장이에요.

콩의 변신은 지금도 계속되고 있어요. 최근에는 콩을 갈아서 고기와 비슷하게 만든 콩고기가 인기를 끌고 있어요. 심지어 콩으로 화장품이나 옷을 만드는 연구도 이루어지고 있지요. 앞으로 콩이 어떻게 변신할지 주목해 보아요.

어휘 풀이

□ **담백한** 음식의 맛이 느끼하지 않고 산뜻한.

□ **무궁무진해요** 헤아릴 수 없을 만큼 많거나 끝이 없어요.

□ **불려서** 물에 담가 크기가 커지고 물렁거리게 해서.

□ **헝겊** 천의 조각.

□ **절구** 곡식을 빻거나 찧는 기구.

□ **주목해** 관심을 가지고 주의 깊게 살펴.

1 이 글의 내용으로 알맞지 <u>않은</u> 것은 무엇인가요? (   )

내용
이해

① 콩은 담백한 맛이 난다.

② 메주는 삶은 콩을 으깬 다음 뭉쳐서 만든다.

③ 간수는 두부를 부드럽게 만드는 역할을 한다.

④ 콩밥, 콩국수, 콩자반은 콩으로 만든 음식이다.

⑤ 콩고기는 콩을 갈아서 고기와 비슷하게 만든 것이다.

💡 어떻게 알았나요?

콩물을 단단하게 굳히려면 ⬚⬚ 를 넣어야 해요.

2 콩으로 두부를 만드는 과정에 맞게 순서대로 기호를 쓰세요.

내용
이해

㉮ 물에 불린 콩을 갈아 콩물을 만든다.

㉯ 끓인 콩물에 간수를 넣고 천천히 젓는다.

㉰ 네모난 틀에 헝겊을 깔고 콩물을 붓는다.

㉱ 콩물의 건더기를 걸러 내고 냄비에 끓인다.

㉲ 틀 위를 무거운 것으로 눌러서 물기를 뺀다.

㉮ → (   ) → (   ) → (   ) → ㉲

3 다음은 메주를 소금물에 넣고 한두 달 정도 지난 뒤의 모습입니다. 화살표가 가리키는

★추론

것이 무엇인지 빈칸에 알맞은 낱말을 각각 쓰세요.

전략 적용

4 ㉠에 들어갈 알맞은 문장에 ○표 하세요.

★추론

(1) 콩으로 만든 음식이 건강에 좋다는 사실을 알고 있나요?   (   )

(2) 두부와 간장, 된장도 콩으로 만든다는 사실을 알고 있나요?   (   )

(3) 음식에 따라 다른 종류의 콩을 쓴다는 사실을 알고 있나요?   (   )

날지 못하는 새, 펭귄

3

과학 730자

📖 교과 연계
과학 3-1 동물의 생활

펭귄은 날개가 있으면서도 날지 못하고 얼음 위를 뒤뚱뒤뚱 걸어 다닙니다. 그래서 [㉠] 하지만 펭귄은 온몸이 깃털로 덮여 있고, 날개와 부리가 있으며, 알을 낳기 때문에 새가 맞습니다. 이처럼 날개를 가진 새인 펭귄이 날지 못하는 까닭에는 세 가지가 있습니다.

첫째, 펭귄은 몸이 무겁습니다. 펭귄은 비슷한 크기의 다른 새들보다 몸무게가 두 배 정도 더 나갑니다. 보통 새들은 뼛속이 텅 비어 있어서 몸이 가벼운 반면, 펭귄은 속이 꽉 찬 뼈를 가지고 있어서 몸이 무거운 것입니다. 게다가 펭귄은 추위를 견디기 위해 몸에 지방을 많이 저장합니다. 이렇게 무거운 몸으로는 하늘을 날 수 없습니다.

둘째, 펭귄은 날개가 작습니다. 하늘을 나는 새는 자신을 공중에 띄울 수 있을 만큼 크고 넓은 날개를 갖고 있습니다. 그러나 펭귄은 자기 몸에 비해 날개가 너무 작아서 날기가 힘듭니다.

셋째, 펭귄은 깃털이 짧습니다. 보통 새들의 깃털은 바람을 잘 탈 수 있도록 길이가 길고 날씬하며 탄력이 있습니다. 이와 달리 펭귄의 깃털은 짧고 부드럽습니다. 이러한 깃털은 공기의 흐름을 타기보다 추위를 견디는 데 유리합니다.

과학자들은 펭귄이 하늘을 나는 것보다는 물속에서 헤엄치기 좋도록 진화해 왔다고 말합니다. 펭귄은 몸에 저장된 두툼한 지방 덕분에 물에 쉽게 뜰 수 있습니다. 펭귄의 작은 날개는 물고기의 지느러미처럼 물속에서 헤엄을 칠 때 도움이 됩니다. 그리고 펭귄의 짧은 깃털은 차가운 물에서도 몸을 따뜻하게 유지해 줍니다.

어휘 풀이

□ **반면** 뒤에 오는 말이 앞의 내용과 반대됨을 나타내는 말.

□ **지방** 생물체에 들어 있어 에너지를 공급하고, 피부 밑이나 근육이나 간 등에 저장되는 물질.

□ **탄력** 용수철처럼 튀거나 팽팽하게 버티는 힘.

□ **진화해** 생물이 오랜 시간에 걸쳐 조금씩 몸의 구조나 기능이 바뀌어.

□ **유지해** 어떤 상태나 상황 등을 그대로 이어가.

1 펭귄에 대한 설명으로 알맞지 <u>않은</u> 것은 무엇인가요? (   )

내용
이해

① 알을 낳는다.

② 날개와 부리가 있다.

③ 깃털로 공기의 흐름을 탄다.

④ 속이 꽉 찬 뼈를 가지고 있다.

⑤ 헤엄치기 좋도록 진화해 왔다.

2 펭귄이 날지 못하는 까닭이 무엇인지 (   )에서 알맞은 낱말을 골라 ○표 하세요.

내용
이해

> 펭귄은 몸이 (1)(가볍고 / 무겁고), 자기 몸에 비해 날개가 (2)(크며 / 작으며), 깃털이 (3)(길어서 / 짧아서) 하늘을 날 수 없다.

전략 적용

3 ㉠에 들어갈 알맞은 문장에 ○표 하세요.

★추론

(1) 펭귄의 다리가 짧다고 생각하는 사람도 있습니다.   (   )

(2) 펭귄이 새가 아니라고 생각하는 사람도 있습니다.   (   )

(3) 펭귄이 뛰지 못한다고 생각하는 사람도 있습니다.   (   )

💡 어떻게 알았나요?

㉠의 뒤에는 펭귄이 [   ]인 까닭이 나와요.

4 이 글과 보기 를 읽고 든 생각을 알맞게 말하지 <u>못한</u> 친구에게 ✕표 하세요.

창의

보기

세상에서 몸집이 가장 큰 새인 타조는 몸에 비해 날개가 작아서 날지 못한다. 그 대신 매우 빠른 속도로 달릴 수 있게 다리가 발달하였다.

(1) 주원: 펭귄 말고도 날지 못하는 새가 또 있구나.   (   )

(2) 은서: 펭귄과 타조는 모두 날개가 작으니 추위를 잘 견디겠어.   (   )

(3) 예준: 타조는 하늘을 나는 것보다 땅 위를 달리기 좋도록 진화했을 거야. (   )

1 다음 낱말의 뜻으로 알맞은 것을 찾아 선으로 이으세요.

(1) 끈적한 •

(2) 담백한 •

(3) 진화해 •

• ① 척척 들러붙을 만큼 끈끈한.

• ② 음식의 맛이 느끼하지 않고 산뜻한.

• ③ 생물이 오랜 시간에 걸쳐 조금씩 몸의 구조나 기능이 바뀌어.

2 빈칸에 알맞은 낱말을 보기 에서 찾아 쓰세요.

보기   과정   탄력   헝겊

(1) 공에 바람이 빠져서 ☐☐ 이 없다.

(2) 이모가 ☐☐ 으로 인형을 만들어 주셨다.

(3) 형이 종이배를 접는 ☐☐ 을 보여 주었다.

3 밑줄 친 낱말이 알맞게 쓰이지 않은 것에 V표 하세요.

(1) 냉장고는 음식을 신선한 상태로 유지해 준다.   ☐

(2) 비를 맞아 말라붙은 옷을 만졌더니 축축하다.   ☐

(3) 오랜만에 할머니를 만나서 할 말이 무궁무진해요.   ☐

4 '애쓰다'와 뜻이 비슷한 낱말을 보기 에서 찾아 쓰세요.

비슷한
말

보기   강력하다   고민하다   노력하다   포기하다

힘쓰다   고생하다

애쓰다
뜻 무엇을 이루기 위해
힘을 들이다.

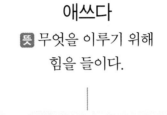

⬜⬜⬜⬜

5 다음을 읽고, (   )에서 알맞은 낱말을 골라 ○표 하세요.

헷갈리는
말

작다	적다
뜻 길이, 넓이, 부피 등이 다른 것이나 보통보다 덜하다.	뜻 수나 양, 정도가 일정한 기준에 미치지 못하다.

(1) 동생은 나보다 나이가 (작다 / 적다).

(2) 동생은 나보다 키가 (작고 / 적고) 통통하다.

글쓴이의 의견과
나의 의견 비교하기

개념 이해

위 그림에서 아빠가 하신 말씀에 대해 어떻게 생각하나요? 아빠의 말씀
대로 나이가 더 많은 오빠가 동생에게 장난감을 양보해야 한다고 생각할
수 있어요. 또는 아빠와 다르게, 동생이 오빠의 장난감을 뺏으면 안 된다고
생각할 수도 있겠지요. 이처럼 다른 사람의 의견과 나의 의견은 같을 수도
있고, 다를 수도 있어요. 그러니 글을 읽을 때 글쓴이의 의견을 그대로 받
아들이지 말고, 나의 의견과 비교해 보아요.

이렇게 해요!

① 글을 읽으며 글쓴이의 의견과 그 까닭을 파악해요.

② 글쓴이의 의견에 대해 나는 어떻게 생각하는지 정리해 보고, 글쓴이의 의견과 나의 의견을 비교해요.

> 글쓴이의 의견을 정확하게 파악해야 나의 의견과 비교할 수 있어.

확인 문제

■ 다음 글을 읽고, 글쓴이의 의견과 비교하여 자신의 의견을 알맞게 말한 친구의 이름을 쓰세요.

목이 마르거나 짜고 기름진 음식을 먹을 때면 시원하고 톡 쏘는 탄산음료를 찾게 되어요. 그런데 탄산음료를 즐겨 마시는 습관은 비만의 원인이 될 수 있어요. 단맛을 내기 위해 탄산음료에 넣는 설탕 때문이에요.

탄산음료 한 캔에는 보통 두 숟가락 정도의 설탕이 들어 있어요. 이는 계단을 다섯 층이나 걸어 올라가야 소비되는 양이에요. 만약 설탕을 다 소비하지 못해 몸 안에 쌓이면, 비만이 될 위험이 커져요.

게다가 설탕은 충분히 먹었는데도 계속 배가 고프다고 느끼게 만들어요. 그래서 탄산음료와 함께 음식을 먹을 때, 평소보다 더 많은 양을 먹게 될 수 있어요. 이렇듯 우리 몸에 좋지 않은 설탕으로부터 건강을 지키기 위해서는 탄산음료를 줄여야 해요.

> 이 글에서 글쓴이의 의견은 '~해야 해요.'로 나타나 있어!

도연: 나도 글쓴이와 같은 의견이야. 비만을 예방하려면 탄산음료를 줄여야 해.

수빈: 나는 글쓴이와 의견이 달라. 내가 좋아하는 음식이라도 몸에 해롭다면 조금만 먹어야 해.

(   )

3반 학급 회의

생활 | 753자

📖 교과 연계
국어 2-1 자신의 생각을 표현해요

　3반 친구들은 '교실에서 자리를 어떻게 정해야 할까?'라는 주제로 학급 회의를 하기로 했어요. 회의가 시작되자 윤아가 손을 들고 말했어요.

　"저는 앉고 싶은 대로 앉으면 좋겠습니다. 창가를 좋아하는 친구는 창가 쪽 자리에 앉고, 앞자리를 좋아하는 친구는 앞자리에 앉는 것입니다. 이렇게 각자 원하는 자리에 앉으면 모두가 자기 자리에 만족할 것입니다."

　윤아의 말이 끝나고 선우가 손을 들었어요.

　"저는 윤아와 의견이 다릅니다. 서로 원하는 자리가 겹치면, 누군가는 원하지 않는 자리에 앉을 수밖에 없습니다. 또 항상 친한 친구의 옆자리에만 앉으려고 할 수도 있습니다. 그래서 저는 제비뽑기로 자리를 정하면 좋겠습니다. 그러면 자리가 골고루 섞여서 평소에 친하지 않았던 친구들과도 가까워질 수 있을 것입니다."

　마지막으로 지희가 자기 의견을 말했어요.

　"저는 키 순서대로 자리를 정해야 한다고 생각합니다. 제비뽑기로 자리를 정하면 키가 작은 친구가 뒷자리에 앉는 일이 생깁니다. 이 경우 키가 작은 친구는 칠판이 잘 보이지 않아 불편하고, 수업에 집중하기도 어렵습니다. 하지만 키 순서대로 앉으면 이런 문제가 생기지 않을 것입니다."

　3반 친구들은 윤아, 선우, 지희가 말한 방법이 각각 장단점이 있다고 생각했어요. 그래서 세 가지 방법을 돌아가면서 해 보기로 했어요. 이번 달인 9월에는 원하는 대로 앉고, 10월에는 제비뽑기를 해서 자리를 정하고, 11월에는 키 순서대로 앉는 거예요. 3반 친구들은 학급 회의를 통해 만족스러운 결론을 내려서 뿌듯했어요.

어휘 풀이

☐ **주제** 대화나 글 등에서 중심이 되는 문제.

☐ **제비뽑기** 미리 기호나 글을 적어 놓은 종이나 물건을 골라 승부나 순서를 정하는 일.

☐ **장단점** 좋은 점과 나쁜 점.

☐ **결론** 어떤 문제에 대하여 마지막으로 내린 판단.

1 3반 친구들이 어떤 주제로 학급 회의를 했는지 빈칸에 알맞은 낱말을 쓰세요.

중심
생각

□□ 에서 □□ 를 어떻게 정해야 할까?

2 학급 회의에서 나온 의견과 그 까닭을 알맞게 선으로 이으세요.

내용
이해

(1) 제비뽑기로 정하자. •
  •① 모두 자기 자리에 만족할 수 있다.

(2) 키 순서대로 정하자. •
  •② 평소에 친하지 않았던 친구들과 가까워질 수 있다.

(3) 앉고 싶은 대로 앉자. •
  •③ 키가 작은 친구가 뒷자리에 앉는 일이 생기지 않는다.

[전략 적용]

3 다음 중 지희와 의견이 같은 것을 찾아 기호를 쓰세요.

평가

㉮ 키가 큰 친구가 앞자리에 앉으면, 뒤에 앉은 친구가 칠판 글씨를 잘 볼 수 없다. 키가 클수록 뒤에 앉아야 한다.

㉯ 키가 작은 친구만 앞자리에 앉으면, 눈이 나쁜 친구가 뒤에 앉게 될 수도 있다. 키와 상관없이 자리를 정해야 한다.

(   )

💡 어떻게 알았나요?

지희는 □□□ 대로 자리를 정해야 한다고 했어요.

4 다음은 3반 친구가 쓴 일기입니다. 몇 월에 쓴 일기인지 알맞은 것에 ○표 하세요.

창의

오늘은 자리를 바꾸는 날이었다. 내가 원하는 창가 자리에 앉을 수 있다는 생각에 한껏 기대를 했다. 그런데 나처럼 창가를 좋아하는 친구들이 많아 결국 가위바위보를 했다. 아쉽게도 내가 지는 바람에 이번 달에는 문 옆에 앉게 되었다. 다음 달에 제비뽑기를 할 때는 꼭 창가 자리가 되면 좋겠다.

(1) 9월 (   )   (2) 10월 (   )   (3) 11월 (   )

2

동생에게 쓴 편지

사회 | 600자

📖 교과 연계
국어활동 2-2 내 생각은 이래요

동호에게

동호야, 안녕? 정미 누나야. 너에게 꼭 해 주고 싶은 말이 있어서 편지를 써.

누나는 어제 학교에서 층간 소음에 대해 배웠어. 우리 집 같은 아파트에서는 윗집에서 시끄러운 소리를 내면 아랫집까지 들린다고 하더라. 이걸 층간 소음이라고 한대. 우리가 장난치면서 크게 고함지르는 것도, 문을 쾅 하고 닫는 것도, 바닥을 쿵쿵 울리면서 뛰어다니는 것도 아랫집에 다 들리나 봐. 우리가 시끄럽게 떠들 때 엄마, 아빠께서 소리를 낮추라고 말씀하시는 이유도 아랫집에 피해를 주지 않으려고 그러시는 거야.

그러니까 앞으로는 집 안에서 사뿐사뿐 걸어 다니면 좋겠어. [㉠   ] 아랫집에 사는 사람들의 마음을 불편하게 만들 수 있기 때문이야. 특히 다들 잠을 자는 늦은 밤에는 크게 소리를 지르거나 악기를 연주하거나 노래를 부르지 말아야 해. 동호도 다른 사람이 시끄럽게 해서 잠을 깨면 기분이 나쁘겠지? 아랫집에 사는 사람들도 마찬가지일 거야. 우리가 이런 예절을 잘 지켜야 이웃과 사이좋게 지낼 수 있어. 이웃을 배려하는 마음으로 우리 함께 노력해 보자.

동호야, 너도 이제 2학년이 되었으니까 누나가 하는 말을 잘 이해했을 거라고 믿어. 그럼 안녕!

20○○년 ○월 ○일
동호를 사랑하는 누나가

어휘 풀이

☐ 층간 층과 층의 사이.

☐ 소음 불쾌하고 시끄러운 소리.

☐ 고함지르는 크게 부르짖는.

☐ 배려하는 관심을 가지고 보살펴 주거나 도와주는.

1 글쓴이의 의견으로 알맞은 것을 찾아 기호를 쓰세요.

중심
생각

> ㉮ 집에서 시끄러운 소리를 내지 말아야 한다.
>
> ㉯ 복도에 짐이나 쓰레기를 두지 말아야 한다.
>
> ㉰ 이웃을 만나면 웃으며 반갑게 인사해야 한다.

(   )

💡 어떻게 알았나요?

글쓴이는 동호에게 앞으로 집 안에서 [ ][ ][ ][ ] 걸어 다니면 좋겠다고 했어요.

2 이 글에서 알 수 있는 내용이 <u>아닌</u> 것은 무엇인가요? (   )

내용
이해

① 동호는 이제 2학년이 되었다.

② 글쓴이네 가족은 아파트에 살고 있다.

③ 글쓴이는 어제 학교에서 층간 소음에 대해 배웠다.

④ 동호는 다른 사람이 내는 시끄러운 소리에 잠을 깬 적이 있다.

⑤ 글쓴이와 동호가 떠들 때 부모님께서 소리를 낮추라고 말씀하신다.

3 ㉠에 들어갈 알맞은 말에 ○표 하세요.

★추론

(1) 작은 소리로 대화하면   (   )

(2) 쿵쾅거리며 뛰어다니면   (   )

(3) 문을 조심스럽게 닫으면   (   )

전략 적용

4 다음은 이 글을 읽고 든 생각입니다. (   )에서 알맞은 낱말을 골라 ○표 하세요.

평가

> 나는 글쓴이와 (1)(같은 / 다른) 의견이야. 나도 가끔 윗집에서 들리는 피아노 소리 때문에 잠을 못 잘 때가 있거든. 아파트에 살면서 이웃과 사이좋게 지내려면 집 안에서 (2)(조용히 / 시끄럽게) 생활하려고 노력해야 해.

소중한 갯벌

인문 | 777자

📖 교과 연계
과학 3-2 지구와 바다

갯벌은 바닷물이 빠져나가는 썰물 때에만 드러나는 넓고 평평한 땅을 말해요. 바닷물이 육지 쪽으로 밀려오는 밀물 때가 되면, 갯벌은 물속에 잠겨 보이지 않지요. 갯벌은 회색빛의 흙밖에 없는 쓸모

▲ 갯벌

없는 땅처럼 보이지만, 자세히 살펴보면 자연과 사람에게 이로운 점이 많아요.

첫째, 갯벌은 다양한 생물이 살아가는 곳이에요. 갯벌의 흙 속에는 바다 생물에게 필요한 먹이가 풍부해요. 그래서 게, 조개, 낙지와 같은 여러 바다 생물이 갯벌에 살고 있어요. 또한 갯벌은 따뜻한 지역을 찾아 이동하는 철새들이 잠시 쉬어 가는 곳이에요. 철새들은 갯벌에 머무르며 휴식을 취하고 먹이를 찾아 먹어요.

둘째, 갯벌은 바다를 깨끗하게 만들어요. 갯벌의 별명은 '자연의 콩팥'이에요. 우리 몸에 있는 콩팥은 몸속의 노폐물을 걸러 주는 역할을 해요. 갯벌도 마치 콩팥처럼 육지에서 바다로 떠내려오는 오염 물질을 정화해 주기 때문에 이런 별명이 생겼어요. 만약 갯벌이 없다면 수많은 오염 물질이 그대로 바다로 흘러 들어가서 바다가 더러워질 수 있어요.

셋째, 갯벌은 자연재해로부터 사람들을 보호해 주어요. 갯벌의 흙은 스펀지처럼 많은 양의 물을 흡수할 수 있어요. 비가 많이 오면, 갯벌은 빗물을 잔뜩 흡수했다가 천천히 내보내서 홍수가 나는 것을 막아요. 그리고 갯벌은 태풍의 피해도 줄여요. 바다에서 생긴 태풍이 갯벌을 만나면 그 힘이 약해지기 때문이에요.

이렇듯 갯벌은 자연과 사람 모두에게 여러 가지 도움을 주어요. 갯벌은 한번 사라지면 되살리기 어려워요. 그러므로 우리 모두 갯벌을 소중히 여기고 잘 보존해야 해요.

어휘 풀이

☐ **노폐물** 생물의 몸에 들어온 여러 물질 중 필요한 것을 빨아들여 쓰고 남은 찌꺼기.

☐ **정화해** 더러운 것을 깨끗하게 하여.

☐ **자연재해** 태풍, 가뭄, 홍수, 지진, 화산 폭발 등의 피할 수 없는 자연 현상으로 인해 입는 피해.

☐ **흡수할** 안이나 속으로 빨아들일.

☐ **홍수** 비가 많이 내려서 갑자기 크게 불어난 강이나 개천의 물.

1 갯벌에 대한 설명으로 알맞지 <u>않은</u> 것은 무엇인가요? (   )

내용
이해

① 바다를 깨끗하게 만든다.

② 여러 바다 생물이 살고 있다.

③ 많은 양의 물을 흡수할 수 있다.

④ 밀물 때에만 드러나는 넓고 평평한 땅이다.

⑤ 따뜻한 지역으로 이동하는 철새들이 쉬어 가는 곳이다.

2 갯벌의 별명이 '자연의 콩팥'인 까닭이 무엇인지 빈칸에 알맞은 낱말을 쓰세요.

내용
이해

육지에서 ☐☐ 로 떠내려오는 ☐☐ 물질을 정화하기 때문에

3 이 글을 읽고 짐작한 내용을 <u>잘못</u> 말한 친구의 이름을 쓰세요.

★ 추론

> 연수: 갯벌에는 철새들이 좋아하는 먹이가 많을 거야.
>
> 예리: 갯벌이 없어지면 태풍으로 인한 피해가 줄어들 거야.
>
> 태주: 갯벌은 물속에 잠겼다 드러났다 하니까 흙이 축축할 거야.

(   )

4 전략 적용

보기 의 내용에 대해 글쓴이와 의견이 같은 것을 찾아 ○표 하세요.

평가

보기 ▮

최근 ○○ 지역은 넓은 갯벌을 메워 농사를 짓거나 건물을 세울 수 있는 육지로 바꾸는 사업을 진행하고 있다.

(1) 갯벌은 자연과 사람에게 이로운 점이 많고, 한번 사라지면 되살리기 어렵다. 그러니 갯벌을 그대로 두어야 한다.   (   )

(2) 갯벌은 농사를 짓거나 건물을 세울 수 없어서 사람에게 쓸모없는 땅이다. 그러니 갯벌을 메워 육지로 바꾸어야 한다.   (   )

⚡ 어떻게 알았나요?

글쓴이는 우리 모두 갯벌을 소중히 여기고 잘 ☐☐ 해야 한다고 했어요.

1 다음 낱말의 뜻으로 알맞은 것을 찾아 선으로 이으세요.

(1) 정화해 •　　　　　• ① 크게 부르짖는.

(2) 흡수할 •　　　　　• ② 안이나 속으로 빨아들일.

(3) 고함지르는 •　　　　　• ③ 더러운 것을 깨끗하게 하여.

2 빈칸에 알맞은 낱말을 보기 에서 찾아 쓰세요.

보기　　　　결론　　　소음　　　홍수

(1) 마을에 □□ 가 나서 집들이 물에 잠겼다.

(2) 공사장에서 하루 종일 쾅쾅거리는 □□ 이 들렸다.

(3) 이번 회의에서는 서로 의견이 달라 □□ 을 내지 못했다.

3 밑줄 친 낱말이 알맞게 쓰이지 않은 것에 V표 하세요.

(1) 엄마께서 자전거를 타는 주제를 알려 주셨다.　　　　　□

(2) 두 장난감의 장단점을 비교하여 하나를 골랐다.　　　　　□

(3) 버스에서 할머니를 배려하는 마음으로 자리를 양보하였다.　　□

4 '뿌듯하다'와 뜻이 비슷한 낱말을 보기 에서 찾아 쓰세요.

비슷한
말

보기   실망하다   억울하다   후련하다   흐뭇하다

보람차다   만족스럽다

뿌듯하다
뜻 기쁨이나 감격이
마음에 가득하다.

5 다음을 읽고, 밑줄 친 속담이 어울리는 상황에 V표 하세요.

관용
표현

넌 멋져!   넌 최고야!

다른 사람에게 친절을 베풀면 그 사람도 나를 친절하게 대할 거예요. 반대로 다른 사람에게 나쁜 말을 하면 그 사람도 나에게 나쁜 말을 할 수 있어요. 이처럼 다른 사람에게 어떤 말과 행동을 하느냐에 따라 그 사람이 나에게 하는 말과 행동도 달라져요. '가는 말이 고와야 오는 말이 곱다.'라는 속담은 내가 남에게 말이나 행동을 좋게 해야 남도 나를 좋게 대한다는 뜻이에요.

(1) 부모님의 잔소리를 듣고 어질러진 물건들을 정리하는 상황. ☐

(2) 친구에게 칭찬하는 말을 했더니 친구도 나를 칭찬하는 상황. ☐

자료에 적용하기

유리컵을 막대기로 두드리면 '쨍'
하는 소리가 나요. 유리컵에서 나는
소리는 유리컵에 담긴 물의 양에
따라 달라져요. 물이 많이 든 유리
컵일수록 낮은 소리가 나요.

개념 이해

책에 유리컵 두 개가 그려져 있어요. 왼쪽 유리컵과 오른쪽 유리컵 중에
더 높은 소리가 나는 유리컵은 어느 것일까요? 책에서 설명하는 내용을 잘
이해했다면, 답이 오른쪽 유리컵이라는 것을 알 수 있어요.

우리는 글의 내용을 그림이나 사진과 같은 다양한 **자료**와 연결 지어 생
각할 수 있어야 해요. 글의 내용을 잘 이해하기만 한다면 주어진 자료에 쉽
게 적용할 수 있어요.

① 글을 읽으며 내용을 이해해요.

② 글의 내용을 주어진 자료와 연결 지어 생각해 보고, 알맞게 적용한 것을 찾아요.

자료에 담긴 내용과
관련된 부분을 글에서
찾아봐!

확인 문제

■ 다음 글을 읽고, 보기 의 상황에서 알맞게 움직인 것에 ○표 하세요.

> 길을 걷다 보면 바닥에 네모난 노란색 판이 붙어 있는 모습을 볼 수 있어요. 이 판은 앞이 보이지 않는 시각 장애인에게 길을 안내하는 '점자 블록'이에요.
>
> 점자 블록은 겉이 튀어나온 모양에 따라 '점형 블록'과 '선형 블록'으로 나뉘어요. 동그란 점 모양들이 튀어나와 있는 점형 블록은 걸음을 잠깐 멈추라는 뜻이에요. 그리고 길쭉한 막대 모양들이 튀어나와 있는 선형 블록은 가던 방향으로 계속 걸어가라는 뜻이에요.

선형 블록과 점형 블록이
뜻하는 것이 무엇일까?

보기

왼쪽에서 빨간색 화살표 방향으로 점자 블록을 밟으며 가고 있다.

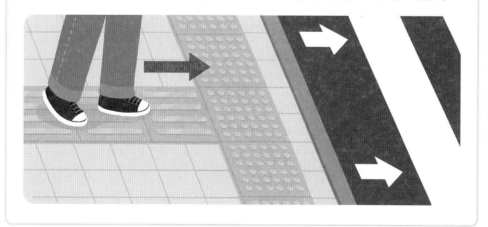

(1) 선형 블록을 따라 걷다가 점형 블록에서 멈춘다.   (   )

(2) 선형 블록을 따라 걷다가 점형 블록에서 뒤돌아 간다.   (   )

1 독특한 그림, 데칼코마니

예술 | 684자

어떤 두 사람을 보고 "너희 둘은 꼭 데칼코마니 같아."라고 말하는 것을 들어 본 적이 있나요? '데칼코마니'는 종이의 왼쪽과 오른쪽에 똑같은 무늬를 만드는 그림 기법입니다. 그래서 서로 다른 두 사람이 똑 닮거나 비슷하게 행동할 때, 흔히 데칼코마니 같다고 말합니다.

데칼코마니로 그림을 그리는 방법은 간단합니다. 먼저 종이를 반으로 접었다가 펼칩니다. 그런 다음, 종이의 한쪽에만 여러 가지 색깔의 물감을 두껍게 칠합니다. 물감이 다마르기 전에 종이를 다시 반으로 접어 손바닥으로 문질러 줍니다. 이제 종이를 펼치면

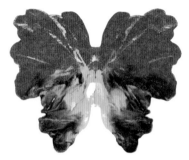

▲ 데칼코마니로 그린 그림

가운데에 접은 선을 기준으로 양쪽에 똑같은 무늬가 나타납니다. 데칼코마니로 그린 그림은 붓을 이용한 그림과는 다른 독특하고 신비로운 느낌을 줍니다.

이러한 데칼코마니를 통해 '대칭'이라는 개념을 쉽게 이해할 수 있습니다. 데칼코마니 그림은 대칭을 이루고 있습니다. 대칭이란 가운데 선을 기준으로 양쪽의 모양이 같은 것을 뜻합니다. 쉽게 말해 반으로 접었을 때, 양쪽의 모양이 완전히 겹쳐지면 대칭입니다.

우리 주변에서도 대칭을 쉽게 찾아볼 수 있습니다. 나풀나풀 날아다니는 나비를 떠올려 볼까요? 똑같이 생긴 날개 두 쌍이 대칭을 이루고 있습니다. 부채처럼 생긴 은행잎도, 손바닥처럼 생긴 단풍잎도 대칭입니다. 또한 대칭은 안정감을 주기 때문에, 건축물을 지을 때 대칭을 이루도록 설계하는 경우가 많습니다.

어휘 풀이

☐ **기법** 기술과 방법.

☐ **쌍** 둘을 하나로 묶어 세는 단위.

☐ **안정감** 몸이나 마음이 편안하고 고요한 느낌.

☐ **설계하는** 어떤 것을 만들려고 생김새나 크기를 그림으로 나타내는.

1 데칼코마니의 뜻이 무엇인지 빈칸에 알맞은 낱말을 쓰세요.

중심
생각

종이의 왼쪽과 오른쪽에 ☐☐☐ 무늬를 만드는 그림 ☐☐

2 데칼코마니 그림을 그리는 방법을 정리할 때, 빈칸에 들어갈 알맞은 말에 ○표 하세요.

내용
이해

> 종이를 반으로 접었다가 펼친다. → 종이의 한쪽에 물감을 두껍게 칠한다. →
> ☐☐☐☐☐☐☐☐ → 종이를 펼친다.

(1) 종이의 다른 쪽에 똑같은 무늬를 그린다. ( )

(2) 종이를 반으로 접어 손바닥으로 문지른다. ( )

(3) 종이를 밖으로 가져가 햇볕에 물감을 말린다. ( )

3 이 글을 읽고 짐작한 내용을 잘못 말한 친구의 이름을 쓰세요.

★ 추론

> 윤지: 데칼코마니로 그린 그림을 보면 안정감이 느껴질 거야.
> 성호: 데칼코마니로 은행잎이나 단풍잎 모양을 그릴 수 있을 거야.
> 보나: 데칼코마니로 나비를 그리면 양쪽 날개의 크기가 서로 다를 거야.

( )

전략 적용

4 다음 중 대칭이 아닌 건축물에 ✕표 하세요.

창의

(1)
▲ 인도의 타지마할
( )

(2)
▲ 우리나라의 경복궁
( )

(3)
▲ 호주의 오페라 하우스
( )

💡 어떻게 알았나요?

대칭은 가운데 선을 기준으로 양쪽의 모양이 ☐☐ 것을 뜻해요.

2 모두를 위한 디자인

사회 | 764자

📖 교과 연계
물건 2-2 어떤 어려움이 있을까요

오늘 가족과 함께 유니버설 디자인 전시관에 다녀왔다. 유니버설 디자인은 어린이나 노인, 장애인 등을 포함해 누구나 손쉽게 사용할 수 있도록 물건을 만드는 것이다. 나는 어떤 물건들이 있을지 기대하며 전시관으로 들어갔다.

가장 먼저 눈에 띈 것은 막대 모양의 문손잡이였다. 안내판을 보니 예전에는 동그란 모양의 손잡이가 많았는데, 이런 손잡이는 손으로 잡고

▲ 동그란 모양의 손잡이와 막대 모양의 손잡이

돌려야 해서 힘이 없거나 손을 다친 사람이 열기 어려웠다고 한다. 그래서 아래로 살짝 누르면 열리는 막대 모양의 손잡이를 만들었다는 것이다. 우리 집에도 있는 평범한 문손잡이에 이런 비밀이 숨어 있다는 사실이 신기했다.

다음으로 우리는 엘리베이터처럼 꾸며진 장소로 갔다. 층을 누르는 버튼이 어른의 눈높이보다 훨씬 낮은 위치에 설치되어 있었다. 이것은 키가 작거나 휠체어를 탄 사람도 편하게 버튼을 누를 수 있게 만든 유니버설 디자인이었다. 손을 뻗어 보니, 까치발을 들지 않고도 모든 버튼에 손이 닿아서 기분이 좋았다.

마지막으로 본 유니버설 디자인은 오르막길에 만들어진 경사로였다. 우리 주변에는 생각보다 계단이 불편한 사람들이 많다고 한다. 나는 그 말을 듣고 지팡이나 목발을 짚는 사람, 유아차를 미는 사람 등이 떠올랐다. 턱이

▲ 경사로

없는 경사로를 이용하면 모두가 편하고 안전하게 오르내릴 수 있겠다고 생각했다.

전시를 다 보고 나니 유니버설 디자인을 '착한 디자인', '모두를 위한 디자인'이라고 부르는 이유를 알 수 있었다. 유니버설 디자인이 곳곳에 적용되어 모두가 편하게 생활할 수 있는 세상이 되면 좋겠다.

어휘 풀이

□ **전시관** 의미 있는 어떤 물건을 전시하기 위해 세운 건물.
□ **까치발** 발뒤꿈치를 들고 발의 앞부분으로만 서는 것.

□ **경사로** 환자나 장애인을 위해 계단 대신 평평한 바닥을 기울어지게 만든 통로.
□ **목발** 다리가 불편한 사람이 겨드랑이에 끼고 걷는 지팡이.

1

중심 생각

이 글에 대한 설명으로 알맞은 것에 ○표 하세요.

(1) 일어나지 않은 일을 상상해서 쓴 글이다. ( )

(2) 어떤 곳에 다녀와서 보고 느낀 점을 쓴 글이다. ( )

(3) 다른 사람에게 자신의 의견을 제안하는 글이다. ( )

🔋 어떻게 알았나요?

글쓴이는 오늘 유니버설 디자인 ▢▢▢ 에 다녀왔어요.

2

내용 이해

이 글에서 알 수 있는 내용으로 알맞지 <u>않은</u> 것은 무엇인가요? ( )

① 유니버설 디자인은 '착한 디자인'이라고도 불린다.

② 동그란 모양의 문손잡이는 손을 다친 사람이 열기 편하다.

③ 어른의 눈높이에 있는 버튼은 키가 작은 사람이 누르기 어렵다.

④ 경사로를 이용하면 지팡이를 짚는 사람이 편하게 오르내릴 수 있다.

⑤ 유니버설 디자인은 누구나 손쉽게 사용할 수 있도록 물건을 만드는 것이다.

3

★추론

전시를 본 뒤에 글쓴이가 했을 생각으로 알맞지 <u>않은</u> 것을 찾아 기호를 쓰세요.

> ㉮ 내 방문에 달린 손잡이는 너무 평범해. 동그란 손잡이로 바꾸고 싶어.
>
> ㉯ 학교 화장실에 있는 세면대는 높이가 낮아. 그것도 유니버설 디자인이겠구나.
>
> ㉰ 할머니께서 아파트 입구에 있는 계단을 오르기 힘들어하셨어. 계단 옆에 경사로가 생기면 좋겠어.

( )

4

창의

전략 적용

이 글을 읽고, 다음 그림에 나타난 문제를 해결하려고 합니다. 해결 방법으로 알맞은 것은 무엇인가요? ( )

① 손잡이를 더 많이 설치한다.

② 손잡이를 막대 모양으로 바꾼다.

③ 손잡이의 길이를 더 길게 만든다.

④ 손잡이를 더 선명한 색깔로 바꾼다.

⑤ 손잡이를 더 부드러운 재료로 만든다.

3 자석과 나침반

과학 | 792자

자석은 철을 끌어당기는 성질을 지닌 물체예요. 못이나 가위의 날 부분처럼 철로 된 물건은 자석에 잘 붙어요. 하지만 철이 아닌 종이나 플라스틱은 자석에 붙지 않아요. 칠판에 자석이 붙는 까닭도 칠판이 철로 만들어졌기 때문이에요.

자석에서 철을 끌어당기는 힘이 가장 센 곳은 양쪽 끝이에요. 그중 한쪽 끝을 N극이라고 하고, 다른 쪽 끝을 S극이라고 해요. 자석은 다른 극끼리는 끌어당기고, 같은 극끼리는 밀어내는 성질이 있어요. 그래

▲ 막대자석

서 막대자석 두 개를 N극과 S극이 서로 마주 보게 놓고 가까이 가져가면 찰싹 달라붙어요. 하지만 N극과 N극 혹은 S극과 S극끼리는 서로 붙지 않으려 해요.

놀라운 사실은 지구도 하나의 거대한 자석이라는 거예요. 지구의 남극은 N극이고, 지구의 북극은 S극이지요. 자석을 물에 띄워 보면 이 사실을 확인할 수 있어요. 자석은 물 위를 떠다니다가 항상 N극이 북쪽을 가리킨 상태로 멈추어요. S극인 북극이 자석의 N극을 끌어당기기 때문이에요.

이러한 자석의 성질을 이용한 발명품이 바로 나침반이에요. 나침반의 빨간 바늘은 언제나 북쪽을 가리켜요. 나침반의 바늘도 자석이기 때문이에요. 언제 어디서든 북쪽을 알려 주는 나침반 덕분에, 우리는 표지판이 없는 산이나 바다에서도 길을 찾을 수 있어요.

▲ 나침반

나침반이 없었을 때, 사람들은 하늘의 별자리를 보고 방향을 짐작했어요. 날씨가 흐리기라도 하면 별이 잘 보이지 않아 길을 헤매고는 했지요. 그러다 보니 육지와 멀리 떨어진 바다에 나가는 것은 아주 위험한 일이었어요. 하지만 나침반이 발명된 이후로 사람들은 드넓은 바다를 탐험할 수 있게 되었어요.

어휘 풀이

□ **성질** 사물이나 현상이 가지고 있는 고유의 특징.

□ **나침반** 동, 서, 남, 북 방향을 알려 주는 기구.

□ **별자리** 여러 개의 별들이 이어진 모습에 그와 비슷하게 생긴 동물, 물건, 신화 속 인물의 이름을 붙인 것.

□ **탐험할** 위험을 참고 견디며 어떤 곳을 찾아가서 살펴보고 조사할.

1 자석에 대한 설명으로 알맞지 <u>않은</u> 것은 무엇인가요? (   )

내용
이해

① 나침반의 바늘에 쓰인다.

② 철로 된 물건이 잘 붙는다.

③ 종이나 플라스틱은 붙지 않는다.

④ 가운데 부분이 철을 가장 세게 끌어당긴다.

⑤ 한쪽 끝을 N극, 다른 쪽 끝을 S극이라고 한다.

2 다음 중 두 막대자석이 달라붙는 경우를 찾아 ○표 하세요.

★ 추론

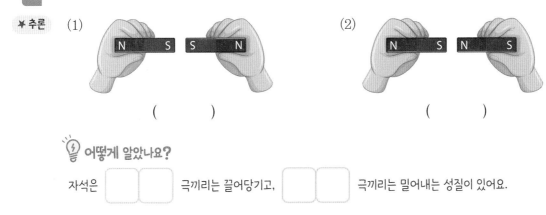

(1)   N S   S N   (2)   N S   N S

(   )   (   )

💡 어떻게 알았나요?

자석은 [   ][   ] 극끼리는 끌어당기고, [   ][   ] 극끼리는 밀어내는 성질이 있어요.

3 이 글을 읽고, 나침반에 대해 알맞게 짐작한 친구의 이름을 쓰세요.

★ 추론

시현: 나침반의 빨간 바늘은 S극일 거야.

다은: 날씨가 흐리면 나침반으로 방향을 찾을 수 없을 거야.

윤우: 나침반이 발명되면서 사람들이 먼바다로 나갈 수 있게 되었을 거야.

(   )

4

전략 적용

물에 띄운 막대자석이 다음과 같이 멈추었을 때, ㉮~㉭ 중 북쪽을 찾아 기호를 쓰세요.

창의

㉮

㉯ ← → ㉰

N S

㉭

(   )

1 다음 낱말의 뜻으로 알맞은 것을 찾아 선으로 이으세요.

(1) 쌍 •

(2) 전시관 •

(3) 탐험할 •

• ① 둘을 하나로 묶어 세는 단위.

• ② 의미 있는 어떤 물건을 전시하기 위해 세운 건물.

• ③ 위험을 참고 견디며 어떤 곳을 찾아가서 살펴보고 조사할.

2 빈칸에 알맞은 낱말을 보기 에서 찾아 쓰세요.

보기   기법   목발   성질

(1) 기름은 물과 섞이지 않는 ☐☐ 이 있다.

(2) 나는 다리를 다쳐 한동안 ☐☐ 을 짚고 다녔다.

(3) 그는 독특한 ☐☐ 으로 그림을 그리는 화가이다.

3 밑줄 친 낱말이 알맞게 쓰이지 않은 것에 V표 하세요.

(1) 아빠와 밤하늘을 보며 별자리를 찾았다. ☐

(2) 소리가 나지 않게 까치발을 들고 사뿐사뿐 걸었다. ☐

(3) 밖에서 우르릉하고 천둥이 치자 무섭고 안정감이 느껴졌다. ☐

4 '타다', '오르막길'과 뜻이 반대되는 낱말을 보기 에서 찾아 각각 쓰세요.

반대되는
말

> **보기**　　　내리다　　　내밀다　　　구부렁길　　　내리막길

타다

뜻 탈것이나 짐승의 등에
몸을 얹다.

⟷

(1) ☐☐☐

뜻 탈것에서 밖이나 땅으로
옮겨 서거나 나오다.

오르막길

뜻 낮은 곳에서 높은 곳으로
이어지는 비탈진 길.

⟷

(2) ☐☐☐☐

뜻 높은 곳에서 낮은 곳으로
이어지는 비탈진 길.

5 다음을 읽고, (　　)에서 알맞은 낱말을 골라 ○표 하세요.

헷갈리는
말

발견하다	발명하다
뜻 아직 찾아내지 못했거나 세상에 알려지지 않은 것을 처음으로 찾아내다.	뜻 아직까지 없던 기술이나 물건을 새로 생각하여 만들어 내다.

(1) 언니는 잃어버린 줄 알았던 목걸이를 (발견하고 / 발명하고) 몹시 기뻐했다.

(2) 장영실은 그림자의 길이로 시간을 알 수 있는 해시계를 (발견했다 / 발명했다).

작품 출처

위치	작품	출처
39쪽	윤이현, 「야옹이는 신났다」	『야옹이는 신났다』, 섬아이, 2010.
40쪽	이성자, 「꽃게」	『기특한 생각』, 고래책빵, 2020.
42쪽	노원호, 「생각지도 못했는데」	『하늘에 말 걸기』, 청개구리, 2018.
44쪽	이성관, 「등댓불」	『거미줄 소리』, 소야, 2016.

사진 출처

위치	사진	출처
9쪽	강강술래	북앤포토
19쪽	죽부인	국립민속박물관
74쪽	도담 삼봉	국가유산청 국가유산포털
75쪽	고수 동굴	충청북도문화재연구원
90쪽	떡시루	국립국어원

※ 퍼블릭 도메인 및 셔터스톡 사진은 따로 표기하지 않았습니다.

최상위권
독해의 비결,
추론

최상위권 독해의 비결, **추론**

용선생

추론독해

2

초등 국어 **2단계**

2·3학년 권장

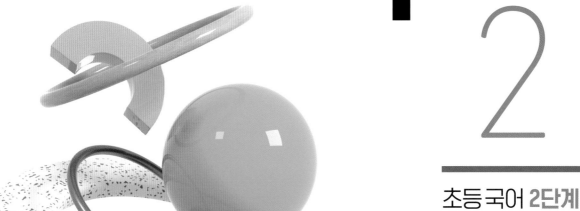

정답과 해설

사회평론주니어

최상위권 독해의 비결, **추론**

용선생

추론독해

2

초등 국어 **2단계**

2·3학년 권장

정답과 해설

중심 문장 찾기

확인 문제
9쪽

　㉠

■ 이 글에서 가장 중요한 내용은 우리 조상들이 명절에 민속놀이를 하며 소원을 빌었다는 것이고, 그 내용이 담겨 있는 중심 문장은 첫 번째 문장입니다.

오답 피하기 ❗

㉡, ㉢, ㉣ 중심 문장인 ㉠을 덧붙여 설명하는 문장입니다.

1 세계 여러 나라의 인사
10~11쪽

1 ㉰ 💡중요

2 ④

3 (2)×

4 ④

1 중국의 인사법을 설명하는 **2**문단의 내용을 대표하는 중심 문장은 "우리나라와 가까운 중국에서는 주먹을 감싸 쥐며 인사를 해요."입니다.

2 **3**문단에 따르면, 당신을 존중한다는 뜻이 담겨 있는 말은 인도와 네팔의 인사말인 '나마스테'입니다.

✏ **이 문제를 틀렸다면**

①은 **4**문단을, ②는 **1**문단을, ③은 **5**문단을, ⑤는 **3**문단을 읽으며 확인해 봅니다.

3 (2)는 양팔을 뻗어 상대방의 어깨를 주무르는 인사법으로, 이 글에서 설명하고 있지 않습니다.

오답 피하기 ❗

(1) 상대방의 손을 잡고 위아래로 가볍게 흔드는 악수는 **4**문단에서 설명한 미국의 인사법입니다.

(3) 주먹을 감싸 쥐며 인사를 하는 것은 **2**문단에서 설명한 중국의 인사법입니다.

4 이 글에서 인사는 서로 간에 마음의 거리를 좁혀 주는 힘이 있다고 하였습니다. 따라서 다른 나라의 인사말과 인사법을 알아 두면, 그 나라의 친구를 만났을 때 인사를 나누며 쉽게 '친해질' 수 있을 것입니다.

✏ **이 문제를 틀렸다면**

①~⑤ 중에서 '마음의 거리를 좁히다'와 뜻이 비슷한 낱말을 찾아봅니다.

2 겨울을 보내는 잠
12~13쪽

1 활동, 잠

2 ④

3 ㉠ 💡깊은

4 (2)○

1 **2**문단에서 겨울잠은 긴 겨울 동안 동물이 활동을 멈추고 잠을 자는 것이라고 하였습니다.

2 **3**문단에 따르면, 다람쥐는 근처에 누가 나타나면 깰 정도로 얕은 겨울잠을 자는 동물입니다.

오답 피하기 ❗

① 동물들은 날이 풀리고 먹이가 풍부해지는 봄이 올 때까지 겨울잠을 자면서 에너지를 아낍니다(**2**문단).

② 깊은 겨울잠을 자는 동물인 개구리와 뱀은 땅속에서 겨울잠을 잡니다(**4**문단).

③ 깊은 겨울잠을 자는 동물인 박쥐는 동굴 안에서 몸을 거의 움직이지 않고 죽은 듯이 잠을 잡니다(**4**문단).

⑤ 곰은 얕은 겨울잠을 자기 때문에 중간중간에 깨서 보금자리에 저장해 둔 먹이를 먹습니다(**3**문단).

3 **4**문단은 깊은 겨울잠을 자는 동물에 대해 설명하고 있습니다. 이 문단의 내용을 대표하는 중심 문장은 "개구리와 뱀, 박쥐 등은 깊은 겨울잠을 자는 동물이에요."입니다.

✏ **이 문제를 틀렸다면**

4문단에서 가장 중요한 내용을 담은 문장을 찾아봅니다.

4 이 글에서 동물들은 춥고 배고픈 겨울을 견디기 위해 겨울잠을 잔다고 하였습니다. 이를 고려하면, 보기 의 토끼가 겨울잠을 자지 않는 까닭은 새로 나는 털이 바람을 막아 주어 겨울에도 추위를 잘 견딜 수 있기 때문일 것입니다.

오답 피하기 ❗

(1) 보기 에서 토끼의 털이 매서운 바람을 막아 준다고 하였으므로, 토끼가 사는 곳은 겨울에도 따뜻한 곳이 아닐 것입니다.

(3) 보기 에는 토끼의 먹이에 대한 내용이 나와 있지 않습니다.

1 (1) ○   **2** ⑤

3 (1) 어렵게 (2) 다르게 (3) 바꾸기

4 현수 💡관련

1 **5**문단에서 나의 계정은 소중한 개인 정보라고 하였습니다.

🔔 **오답 피하기**

(2) 나와 관련이 없으면서 복잡한 비밀번호를 만들어야 안전합니다(**2**문단).

(3) 중요한 계정에는 평소에 쓰는 것과 다른 비밀번호를 설정합니다(**3**문단).

2 **1**문단에서 가장 중요한 내용은 비밀번호를 잘 관리해야 한다는 것입니다. 그러므로 이 문단의 중심 문장은 "그러니 다른 사람이 내 계정을 함부로 쓰지 못하도록 비밀번호를 잘 관리해야 해요."입니다.

🔔 **오답 피하기**

①, ②, ③, ④ 계정과 비밀번호가 무엇인지, 비밀번호를 잘 관리해야 하는 까닭이 무엇인지 자세히 설명하고 있습니다.

3 이 글에서는 비밀번호를 관리하는 방법으로 비밀번호를 다른 사람이 추측하기 (1)어렵게 만들기, 인터넷 사이트마다 비밀번호를 (2)다르게 설정하기, 비밀번호를 주기적으로 (3)바꾸기를 제시하고 있습니다.

✏️ **이 문제를 틀렸다면**

2문단, **3**문단, **4**문단의 중심 문장을 각각 찾아봅니다.

4 **2**문단에서 같은 숫자가 반복되는 비밀번호는 다른 사람이 쉽게 알아낼 수 있다고 하였습니다. 따라서 같은 숫자가 반복되지 않도록 주의하여 비밀번호를 만드는 것은 비밀번호를 관리할 계획으로 적절합니다.

🔔 **오답 피하기**

도희: 하나의 비밀번호를 오래 사용할수록 비밀번호가 노출될 가능성이 커지므로, 비밀번호는 6개월이나 1년에 한 번씩 바꾸어야 합니다(**4**문단).

진아: 생일과 같이 나와 관련된 숫자는 다른 사람이 추측하기 쉬워서 비밀번호로 적절하지 않습니다(**2**문단).

1 (1) ② (2) ③ (3) ①

2 (1) 번갈아 (2) 저장해 (3) 무사히

3 (1) V   **4** 인내하다

5 (1) 다르다 (2) 틀리고

2 (1)의 빈칸에는 '잠시 동안 하나씩 차례로 상대하여.'라는 뜻의 '번갈아'가, (2)의 빈칸에는 '물건이나 재물 등을 모아서 보관해.'라는 뜻의 '저장해'가, (3)의 빈칸에는 '아무 문제나 어려움 없이 편안하게.'라는 뜻의 '무사히'가 들어가는 것이 알맞습니다.

3 '노출될'은 '겉으로 드러날.'이라는 뜻입니다. (1)에서 눈이 많이 내리면 산이 노출되는 것이 아니라 하얗게 덮일 것이므로, '노출될' 대신 '덮일'을 써야 자연스럽습니다.

✏️ **이 문제를 틀렸다면**

14쪽의 "하나의 비밀번호를 오래 사용할수록 비밀번호가 노출될 가능성이 커져요."라는 문장을 찾아 '노출될'의 뜻을 살펴봅니다.

4 '견디다'와 뜻이 비슷한 낱말은 '괴로움이나 어려움을 참고 견디다.'라는 뜻의 '인내하다'입니다.

🔔 **오답 피하기**

'인색하다'는 '물건이나 돈 등을 몹시 아껴 씀씀이가 너그럽지 못하다.'라는 뜻이고, '인자하다'는 '마음이 너그럽고 따뜻하다.'라는 뜻이며, '인정하다'는 '어떤 것이 확실하다고 여기거나 받아들이다.'라는 뜻입니다.

5 '다르다'와 '틀리다'는 뜻이 다르지만 글자가 비슷하여 헷갈리는 말입니다. (1)에서는 문어와 오징어의 다리 개수가 서로 같지 않은 것이므로 '다르다'가 알맞습니다. (2)에서는 쉬운 문제의 답이 맞지 않은 것이므로 '틀리고'가 알맞습니다.

설명하는 대상의 특징 찾기

확인 문제 19쪽

(2) ×

■ 끈끈이주걱의 털끝에는 꿀이 아니라 끈적끈적한 물방울이 매달려 있습니다.

1 우리는 멋진 친구 20~21쪽

1 알리 **2** (3) × 💡엄마
3 ③ **4** (2) ○

1 1문단에서 민우는 자신의 친구인 알리를 소개하겠다고 하였습니다.

2 2문단에 따르면 알리의 엄마가 한국 사람이고, 알리의 아빠가 사우디아라비아 사람입니다.

3 민우는 알리네 할아버지, 할머니가 아니라 알리에게 태권도 시범을 보여 주었습니다.

✏️ **이 문제를 틀렸다면**
①은 3문단을, ②와 ⑤는 1문단을, ④는 4문단을 읽으며 확인해 봅니다.

4 3문단에 따르면, 알리는 아빠 나라인 사우디아라비아의 문화를 존중하여 돼지고기를 먹지 않습니다. ㉠에서 민우와 알리는 서로의 다른 점을 이해하고 존중한다고 하였으므로, 민우는 돼지고기가 들어간 음식을 받지 않겠다는 알리를 이해하고 존중할 것입니다.

⚠️ **오답 피하기**
(1) 돼지고기를 먹지 않는 알리에게 돼지고기를 권하는 것은 알리의 다른 점을 이해하고 존중하는 행동이 아닙니다.
(3) 알리가 돼지고기를 먹지 않는 까닭은 아빠 나라의 문화를 존중하기 때문이지, 돼지고기를 싫어해서가 아닙니다.

2 무당벌레는 어떤 곤충일까? 22~23쪽

1 ③ **2** (1)① (2)② 💡진딧물
3 빈수 **4** (2)○

1 2문단에 따르면, 빨간 바탕에 검은 점이 박힌 것은 무당벌레의 딱지날개입니다. 무당벌레의 속날개는 얇고 부드럽습니다.

✏️ **이 문제를 틀렸다면**
2문단을 읽으며 무당벌레의 딱지날개와 속날개의 특징을 파악해 봅니다.

2 3문단에서 '진딧물'은 식물의 즙을 빨아 먹어 식물을 시들게 만드는 해로운 곤충(①)이고, '무당벌레'는 이러한 진딧물을 잡아먹어 농작물이 잘 자라도록 도와주는 곤충(②)이라고 하였습니다.

3 무당벌레의 먹이인 진딧물이 식물의 꼭대기 주위에 많이 모여 있다는 설명으로 보아, ㉠은 무당벌레가 먹이가 많은 곳을 찾아 식물의 꼭대기에 오르다가 생긴 습성이라고 짐작할 수 있습니다.

⚠️ **오답 피하기**
미도: 무당벌레는 언제나 위로 올라가려는 습성이 있는데, 위로 올라가다가 더 이상 오를 곳이 없으면 다시 내려가는 것이 아니라 하늘을 향해 날아갑니다.
나경: 무당벌레는 날아다니는 벌레를 먹기 위해 하늘을 향해 날아가는 것이 아닙니다.

4 제시된 사진 속 무당벌레는 노란색 액체를 내뿜고 있습니다. 이 글에 따르면 무당벌레는 적을 만났을 때 죽은 척을 하면서 적이 떠나기를 기다리는데, 이때 다리에서 노란색 액체를 내뿜기도 합니다.

⚠️ **오답 피하기**
(1) 무당벌레가 노란색 액체를 내뿜는 까닭은 지독한 냄새를 이용하여 적이 가까이 다가오지 못하게 하기 위해서입니다.
(3) 무당벌레는 새, 도마뱀, 거미와 같은 적을 만났을 때 몸을 움츠리며 바닥으로 굴러떨어집니다.

1 (1) ○   **2** (1) 프랑스 (2) 양철

3 ㉰, ㉱   **4** 지헌 💡 세균

1 (1) ② (2) ① (3) ③

2 (1) 습성 (2) 시범 (3) 무술

3 (3) V   **4** (1) 장점 (2) 이롭다

5 (1) 두텁다 (2) 두꺼운

1 1문단의 "통조림은 냉장고에 넣지 않아도 오랫동안 두고 먹을 수 있어요."에서 통조림의 장점을 알 수 있습니다.

오답 피하기 🔔
(2) 파인애플, 참치, 햄 등 다양한 종류의 통조림이 있다는 것은 알 수 있지만(1문단), 통조림의 다양한 모양에 대해서는 알 수 없습니다.
(3) 지금은 통조림 뚜껑에 고리가 달려 있다는 것을 알 수 있을 뿐(5문단), 누가 이 고리를 만들었는지는 알 수 없습니다.

2 (1) 프랑스의 아페르는 유리병에 음식을 채우고 병을 데워 밀봉하는 방식의 병조림을 만들었습니다. 그리고 영국의 듀런드는 (2) 양철 깡통에 음식을 담아 밀봉하는 방식의 통조림을 개발하였습니다.

✏️ **이 문제를 틀렸다면**
2~4문단에서 병조림과 통조림의 차이점을 파악해 봅니다.

3 병조림은 코르크 마개로 입구를 막아 밀봉하여 만듭니다(㉰). 이렇게 만든 병조림은 음식을 3주 정도 보관할 수 있었습니다(㉱).

오답 피하기 🔔
㉮, ㉯ 가볍고 잘 깨지지 않으며, 망치를 이용해 뚜껑을 따는 것은 듀런드가 만든 통조림입니다.

4 2문단에서 밀봉한 병조림의 음식이 잘 상하지 않는 까닭은 세균이 병 안으로 들어가지 못하기 때문이라고 하였습니다. 이를 반대로 생각해 보면, 완전히 밀봉되지 않은 병조림의 음식이 상하는 까닭은 입구에 생긴 틈을 통해 세균이 병 안으로 들어가기 때문일 것입니다.

오답 피하기 🔔
현우: 입구가 완전히 밀봉되지 않으면, 유리병 안으로 바깥의 공기가 드나들 수 있을 것입니다.
태선: 음식 속의 세균이 모두 죽으면 오히려 음식이 잘 상하지 않을 것입니다.

2 (1)의 빈칸에는 '같은 종류의 동물에서 공통되는 생활 방식.'이라는 뜻의 '습성'이, (2)의 빈칸에는 '모범이 되는 본보기를 보임.'이라는 뜻의 '시범'이, (3)의 빈칸에는 '몸을 움직이거나 무기를 사용하여 상대를 공격하거나 상대의 공격을 막는 기술.'이라는 뜻의 '무술'이 들어가는 것이 알맞습니다.

3 '피해'는 '생명이나 신체, 재산, 명예 등에 손해를 입음.'이라는 뜻입니다. (3)에서 의사는 아픈 사람들에게 피해가 아닌 도움을 주는 사람이므로, '피해' 대신 '도움'을 써야 자연스럽습니다.

✏️ **이 문제를 틀렸다면**
22쪽의 "그래서 농부들이 기르는 농작물에 진딧물이 많아지면 큰 피해가 생겨요."라는 문장을 찾아 '피해'의 뜻을 살펴봅니다.

4 '단점'과 뜻이 반대되는 낱말은 '좋거나 잘하거나 바람직한 점.'이라는 뜻의 '장점'입니다. 그리고 '해롭다'와 뜻이 반대되는 낱말은 '도움이나 이익이 되다.'라는 뜻의 '이롭다'입니다.

오답 피하기 🔔
'약점'은 '다른 사람에 비해 부족해서 불리한 점.'이라는 뜻이고, '이루다'는 '어떤 상태나 결과를 생기게 하다.'라는 뜻입니다.

5 '두껍다'와 '두텁다'는 뜻이 다르지만 글자가 비슷하여 헷갈리는 말입니다. (1)에서는 나에 대한 부모님의 사랑이 굳고 깊은 것이므로 '두텁다'가 알맞습니다. (2)에서는 옷의 두께가 보통의 정도보다 큰 것이므로 '두꺼운'이 알맞습니다.

인물의 마음 변화 알기

확인 문제   29쪽

(1) 무섭다 (2) 설렌다

■ ㉠에서 사자는 토토가 무서워 벌벌 떨고 있으므로, 사자의 마음은 (1)'무섭다.'입니다. ㉡에서 사자는 마법사 오즈에게 용기를 얻어 용맹해진 자신을 상상하며 눈을 반짝이고 있으므로, 사자의 마음은 (2)'설렌다.'입니다.

1   **다르게 생겨도 괜찮아**   30~31쪽

1 (3) ✕   **2** (1) ① (2) ②

3 (2) ○ 💡세모   **4** 유나

1 검은색 네모는 한때 색깔이 까맣다는 이유로 친구들에게 놀림을 받았다고 말했습니다.

2 네모 색종이들이 노란색 세모를 멀리하자, 노란색 세모는 속상해서 혼자 울었습니다(①). 하지만 검은색 네모가 다가와 충분히 멋지다고 위로해 주자, 노란색 세모는 고맙다고 말했습니다(②).

3 다음 날, 검은색 네모는 몸을 반으로 접어 세모가 된 채로 학교에 왔습니다.

오답 피하기 ⚠️
(1) 세모 모양인 것은 맞지만, 네모난 색종이가 한 번 접힌 모습이 아닙니다.
(3) 네모난 색종이가 한 번 접힌 모습은 맞지만, 세모 모양이 아닙니다.

4 노란색 세모가 친구를 따라 하는 내용은 이 글에 나와 있지 않습니다.

오답 피하기 ⚠️
현태: 자신들과 다르게 생겼다는 이유로 노란색 세모를 멀리한 네모 색종이들의 행동을 바람직하지 않다고 생각할 수 있습니다.
지훈: 노란색 세모에게 위로를 건넨 검은색 네모처럼 따뜻한 사람이 되고 싶다고 생각할 수 있습니다.

2   **농부와 독수리**   32~33쪽

1 ⑤   **2** ㉡→㉢→㉮

3 재우 💡멀리   **4** (2) ○

1 농부가 독수리를 기다렸다는 내용은 이 글에 나와 있지 않습니다.

오답 피하기 ⚠️
①, ④ 농부는 땀을 흘리며 열심히 밭을 일구다가 잠시 쉬려고 돌담에 등을 기대고 누웠습니다.
② 덫에 걸린 독수리를 본 농부는 덫을 풀어 독수리를 구해 주었습니다.
③ 독수리는 돌담에서 멀리 떨어진 곳에 농부의 모자를 떨어뜨렸고, 농부는 투덜거리며 걸어가 모자를 주웠습니다.

2 농부는 덫에 걸린 독수리를 보고 "저런, 불쌍해라. 너무 아프겠구나."라고 말하며 안쓰러워했습니다(㉡). 며칠 뒤, 독수리가 농부의 모자를 물고 날아가자 농부는 화가 났습니다(㉢). 하지만 독수리가 자신의 목숨을 구해 주었다는 사실을 깨달은 농부는 독수리에게 "정말 고맙다!"라고 말했습니다(㉮).

3 농부가 자신의 모자를 물고 간 독수리를 쫓아 돌담에서 멀리 떨어진 곳으로 간 뒤에, 돌담이 우르르 무너졌습니다. 만약 농부가 계속 돌담 아래에서 자고 있었다면, 돌담이 농부의 몸 위로 무너졌을 것입니다. 따라서 독수리는 돌담이 무너지기 전에 농부를 안전한 곳으로 데려가기 위해 농부의 모자를 빼앗았다고 짐작할 수 있습니다.

✏️ **이 문제를 틀렸다면**
독수리가 농부의 모자를 돌담에서 멀리 떨어진 곳에 떨어뜨린 뒤 무슨 일이 일어났는지 살펴봅니다.

4 농부는 덫에 걸린 독수리를 구해 주었고, 그 독수리 덕분에 자기도 목숨을 구할 수 있었습니다. 이를 통해 남을 도우면 자신에게 좋은 일로 돌아온다는 교훈을 얻을 수 있습니다.

오답 피하기 ⚠️
(1) 부지런히 노력해서 좋은 결과를 얻었다는 내용은 이 글에 나와 있지 않습니다.
(3) 농부가 덫에 걸린 독수리를 구해 주었기 때문에 독수리도 농부의 목숨을 구해 준 것이지, 농부가 정직하게 살아서 독수리에게 믿음을 얻은 것은 아닙니다.

3 수박에서 나온 당나귀
34~35쪽

1 당나귀 알　　　　　**2** (1) ② (2) ① (3) ③

3 (1) × 💡 알　　　　　**4** 수박 장수

---

1 난생처음 수박을 본 농부는 수박 장수의 거짓말에 속아 수박을 당나귀 알인 줄 알고 샀습니다.

2 ㉠에서 당나귀가 나오지 않아 이상하다고 말하는 농부는 당황스러운 마음일 것입니다(②). ㉡에서 당나귀를 집으로 데려가며 싱글벙글 웃는 농부는 당나귀를 얻어 기쁜 마음일 것입니다(①). ㉢에서 수박 장수에게 속은 것을 깨닫고 얼굴을 푹 숙인 농부는 당나귀가 알에서 태어난다고 믿었던 것을 부끄러워하는 마음일 것입니다(③).

📝 **이 문제를 틀렸다면**

㉠~㉢에서 농부가 어떤 상황에 처해 있는지 살펴봅니다.

3 농부는 수박을 따뜻한 이불 속에 며칠만 두면 당나귀가 나온다는 수박 장수의 말을 따랐습니다. 하지만 농부의 수박은 알이 아니라 평범한 과일이었기 때문에 따뜻한 이불 속에서 썩어 버리고 말았습니다.

오답 피하기 💡

(2) 아내가 "아이고, 알이 썩었나 봐요."라고 말한 것으로 보아, 아내도 수박을 당나귀 알이라고 생각했을 것입니다.

(3) 썩은 수박을 던진 수풀에서 당나귀가 튀어나왔을 때 농부가 "드디어 당나귀가 태어났구나!"라고 말한 것으로 보아, 농부는 수박에서 당나귀가 나왔다고 생각했을 것입니다.

4 이 글에서 수박 장수는 농부를 놀려 주려고 수박을 당나귀 알이라고 속였습니다. 따라서 다른 사람을 속이고 거짓말을 하면 안 된다는 말은 '수박 장수'에게 하는 말일 것입니다.

오답 피하기 💡

'농부'와 '아내'는 수박 장수의 거짓말에 속은 인물이고, '당나귀 주인'은 당나귀가 알에서 태어나지 않는다는 사실을 농부에게 알려 준 인물입니다.

어휘 익히기
36~37쪽

1 (1) ② (2) ① (3) ③

2 (1) 여느 (2) 전학 (3) 수풀

3 (2) V　　　　　**4** 전부

5 (2) V

---

2 (1)의 빈칸에는 '특별하지 않은 그 밖의.'라는 뜻의 '여느'가, (2)의 빈칸에는 '다니던 학교에서 다른 학교로 옮겨 감.'이라는 뜻의 '전학'이, (3)의 빈칸에는 '풀, 나무, 덩굴 등이 같이 얽혀 있는 곳.'이라는 뜻의 '수풀'이 들어가는 것이 알맞습니다.

3 '꼼짝없이'는 '현재의 상태를 벗어날 방법이 전혀 없이.'라는 뜻입니다. (2)에서 불이 났지만 사람이 다치지 않은 것은 벗어날 방법이 전혀 없는 상황이 아니라 다행스러운 상황이므로, '꼼짝없이' 대신 '다행히'를 써야 자연스럽습니다.

📝 **이 문제를 틀렸다면**

32쪽의 "농부가 계속 돌담 아래에서 자고 있었다면, 농부는 꼼짝없이 죽을 목숨이었습니다."라는 문장을 찾아 '꼼짝없이'의 뜻을 살펴봅니다.

4 '모두'와 뜻이 비슷한 낱말은 '빠짐없이 다.'라는 뜻의 '전부'입니다.

오답 피하기 💡

'마구'는 '매우 심하게.'라는 뜻이고, '아예'는 '미리부터. 또는 처음부터.'라는 뜻이며, '전혀'는 '도무지. 또는 완전히.'라는 뜻입니다.

5 '귀가 얇다.'는 '남의 말을 쉽게 받아들인다.'라는 뜻의 관용어입니다. (2)는 친구의 말을 쉽게 받아들여 친구가 새로 산 필통을 곧바로 따라 산 상황이므로, '귀가 얇다.'와 어울립니다.

오답 피하기 💡

(1) 집 앞에서 연예인을 보았다는 친구의 말을 믿지 않는 것은 남의 말을 쉽게 받아들이지 않는 상황이므로, '귀가 얇다.'와 어울리지 않습니다.

장면 떠올리며 읽기

확인 문제

39쪽

(3) ✕

■ 이 시에 고양이가 자는 내용은 나와 있지 않습니다.

오답 피하기 🔔

(1), (2) 이 시에서 고양이는 털실 뭉치를 잡으려고 하지만 계속 놓치고, 엄마는 고양이 때문에 엉켜 버린 털실을 발견하고 놀랐습니다.

1 꽃게

40~41쪽

1 꽃게 **2** (2) ✕ 💡집게발

3 (1) ② (2) ① **4** ③

1 '나'는 엄마가 사 온 꽃게를 만져 보고 있습니다.

2 이 시에 꽃게가 집게발로 '나'의 손가락을 집었다는 내용은 나와 있지 않습니다.

오답 피하기 🔔

(1) '내'가 꽃게의 집게발을 잡아 올리자, 꽃게는 집게발 하나를 뚝 떼어 내고 거실 바닥을 빠르게 도망쳤습니다(3연).

(3) '나'는 엄마가 사 온 꽃게의 등딱지를 살짝 만졌습니다(1연).

3 꽃게는 집게발을 들고 '내' 앞에 '딱' 버텼고, 집게발 하나를 '뚝' 떼어 냈습니다. 이를 통해 '딱'은 '움직이지 않고 굳세게 버티는 모양.'(②)이라는 뜻이고, '뚝'은 '아주 거침없이 따거나 떼는 모양.'(①)이라는 뜻임을 알 수 있습니다.

✏️ 이 문제를 틀렸다면

꽃게가 어떤 동작을 할 때 '딱'과 '뚝'이 쓰였는지 찾아봅니다.

4 ㉠에서 '내'가 꽃게가 미끄러지며 옆으로 도망치는 모습을 보고 "바다가 눈앞에 보이는 듯 / 파도 소리 귀에 들리는 듯."이라고 한 것은 꽃게가 원래 살던 바다로 돌아가고 싶은 것 같다고 생각했기 때문일 것입니다.

2 생각지도 못했는데

42~43쪽

1 ①, ④ 💡꼬리 **2** ⑤

3 (2) ○ **4** ㉰

1 "골목길 돌아 / 우리 집으로 가고 있는데"에서 '내'가 골목길을 걸어가는 장면을 떠올릴 수 있습니다(①). 또한 "집에 들어서니 / 엄마도 / 오늘따라 나를 폭 안아 준다."에서 엄마가 집에 온 '나'를 안아 주는 장면을 떠올릴 수 있습니다(④).

✏️ 이 문제를 틀렸다면

①~⑤의 내용이 시에 나와 있는지 하나씩 확인해 봅니다.

2 '오늘따라'는 뒤에 오는 '나를'을 꾸며 주는 말이 아닙니다.

오답 피하기 🔔

① '쏙'은 뒤에 오는 '내밀고'를 꾸며 주어, 고개를 내밀고 있는 모양을 자세하게 해 주는 말입니다.

② '폭'은 뒤에 오는 '안아'를 꾸며 주어, 어떻게 안아 주는지를 자세하게 해 주는 말입니다.

③ '째째글'은 뒤에 오는 '반겨'를 꾸며 주어, 어떻게 반겨 주는지를 자세하게 해 주는 말입니다.

④ '살래살래'는 뒤에 오는 '흔들어'를 꾸며 주어, 꼬리를 흔드는 모양을 자세하게 해 주는 말입니다.

3 ㉠은 풀숲 사이에 피어 있는 제비꽃의 모습을 '고개를 내밀고 있다'고 하여 마치 사람처럼 표현한 것입니다.

✏️ 이 문제를 틀렸다면

시에서는 사람이 아닌 것을 사람처럼 표현하기도 합니다. 이를 생각하며 문제를 다시 풀어 봅니다.

4 이 시에서 '나'는 집에 오는 길에 생각지도 못했는데 제비꽃이 핀 모습을 보았고, 참새들과 강아지를 만났으며, 집에 들어서서는 엄마의 포옹을 받았습니다. 이와 비슷하게 생각지 못했는데 기분 좋은 일이 일어난 경험은 무심코 올려다본 하늘에서 잠자리가 인사하듯 맴돌고 있었던 일입니다.

1 등대 💡등댓불   **2** (3)×

3 ③   **4** 찬수

1 이 시는 날이 저물면 등불을 켜고 바다를 비추는 등대의 모습을 노래하고 있습니다.

✏️ **이 문제를 틀렸다면**

이 시에서 누가 무엇을 하고 있는지 찾아봅니다.

2 "해가 지고 날이 저물면", "한밤에도" 등에서 알 수 있듯이, 이 시의 배경은 밤입니다. 그러므로 이 시를 읽고 등대에 햇빛이 비치는 장면을 떠올리는 것은 알맞지 않습니다.

🔴 **오답 피하기**

(1) "오가는 고깃배들"에서 떠올릴 수 있습니다.

(2) "오가는 철새들"에서 떠올릴 수 있습니다.

(4) "등대는 등불 켜고"에서 떠올릴 수 있습니다.

3 "꼬올깍, 해가 지고 날이 저물면"에서는 사람이 아닌 것을 사람처럼 표현한 부분을 찾을 수 없습니다.

🔴 **오답 피하기**

① 등대가 사람처럼 잠을 자지 않고 깨어 있다고 표현하였습니다.

② 등대가 사람처럼 고개를 든다고 표현하였습니다.

④ 등대가 사람처럼 두 팔을 펴고 빙빙 돈다고 표현하였습니다.

⑤ 등대가 사람처럼 노래를 부른다고 표현하였습니다.

4 등대는 밤에 오가는 고깃배들과 철새들이 길을 잃을까 봐 길을 밝히고 노래를 부르고 있습니다. 따라서 등대는 밤에도 고깃배와 철새가 길을 찾도록 도와주고 싶은 마음일 것입니다.

🔴 **오답 피하기**

재희: 등대가 철새를 향해 "여기가 육지란다"라며 노래를 부르는 것으로 보아, 등대가 있는 곳은 육지입니다. 따라서 등대가 육지로 가고 싶어 한다고 보기는 어렵습니다.

규태: 이 시에서 등대는 고깃배와 철새를 부러워하고 있지 않습니다.

1 (1) ① (2) ② (3) ③

2 (1) 등대 (2) 철새 (3) 금세

3 (2) V   **4** 근심

5 (1) 피는 (2) 펴고

2 (1)의 빈칸에는 '밤에 배들이 안전하게 다니도록 바닷가에 세워 불빛 신호를 보내는 높은 건물.'이라는 뜻의 '등대'가, (2)의 빈칸에는 '계절에 따라 옮겨 다니며 사는 새.'라는 뜻의 '철새'가, (3)의 빈칸에는 '지금 바로.'라는 뜻의 '금세'가 들어가는 것이 알맞습니다.

3 '뛰쳐나와'는 '힘 있게 달려서 밖으로 나와.'라는 뜻입니다. (2)에서 아장아장 걷는 아기는 힘 있게 달리지 못할 것이므로, '뛰쳐나와'는 그 쓰임이 어색합니다.

✏️ **이 문제를 틀렸다면**

42쪽의 "강아지가 뛰쳐나와 / 꼬리를 살래살래 흔들어 준다."를 찾아 '뛰쳐나와'의 뜻을 살펴봅니다.

4 '걱정'과 뜻이 비슷한 낱말은 '해결되지 않은 일 때문에 속을 태우거나 우울해함.'이라는 뜻의 '근심'입니다.

🔴 **오답 피하기**

'원망'은 '못마땅하게 여기어 탓하거나 불평을 품고 미워함.'이라는 뜻이고, '통쾌'는 '아주 즐겁고 시원하여 유쾌함.'이라는 뜻이며, '활기'는 '활동력이 있거나 활발한 기운.'이라는 뜻입니다.

5 '펴다'와 '피다'는 뜻이 다르지만 글자가 비슷하여 헷갈리는 말입니다. (1)에서는 해바라기의 꽃봉오리가 여름에 벌어지는 것이므로 '피는'이 알맞습니다. (2)에서는 굽혔던 허리를 곧게 한 것이므로 '펴고'가 알맞습니다.

5

48~57쪽

의견과 까닭 파악하기

확인 문제
49쪽

(1) 고운 (2) 기분

■ 글쓴이의 의견은 "우리가 다른 사람에게 말을 건넬 때는 (1)고운 말을 써야 해요."라는 문장에 잘 나타나 있습니다. 그 까닭에 대해 글쓴이는 고운 말을 쓰면 말하는 사람과 듣는 사람 모두 (2)기분이 좋아지고 사이좋게 지낼 수 있기 때문이라고 하였습니다.

1 아름이와 다운이의 대화
50~51쪽

1 (3) ×
2 (1) ② (2) ①
3 ㉮, ㉣
4 아름 💡아름

1 아름이가 떡볶이를 사는 대신에, 다운이가 게임기를 사면 아름이도 한번 가지고 놀게 해 주기로 하였습니다.

2 아름이는 용돈을 모으는 것보다 그때그때 사고 싶은 것을 사는 게 더 좋다고 말했습니다(②). 반면, 다운이는 용돈을 함부로 쓰지 말고 계획해서 써야 한다고 말했습니다(①).

3 다운이의 의견은 용돈을 계획해서 써야 한다는 것입니다. 다운이는 그 까닭으로 갑자기 용돈이 떨어지는 일이 없다는 점(㉮)과, 정말 가지고 싶은 것을 사는 기쁨을 느낄 수 있다는 점(㉣)을 들었습니다.

> **오답 피하기** 📢
> ㉯, ㉢ 아름이의 의견에 대한 까닭입니다.

4 제시된 용돈 기입장을 보면, 7월 1일에 받은 용돈으로 아이스크림, 음료수, 젤리를 사서 7월 6일에는 용돈이 500원밖에 남지 않았습니다. 용돈을 모으지 않고 간식을 사 먹는 데 썼으므로, 이 용돈 기입장은 그때그때 사고 싶은 것을 사는 아름이의 것이라고 볼 수 있습니다.

2 잠을 충분히 자자
52~53쪽

1 잠, 충분히
2 ①, ⑤
3 (2) ○
4 민채 💡피로

1 글쓴이의 의견은 우리의 성장과 건강을 위해 잠을 충분히 자야 한다는 것입니다. 따라서 글쓴이의 의견이 잘 드러난 제목은 '잠을 충분히 자자'입니다.

> ✏️ **이 문제를 틀렸다면**
> '~해야 합니다.'로 끝나는 문장을 찾아 글쓴이의 의견을 파악해 봅니다.

2 잠을 많이 자면 게을러진다는 내용(①)이나 잠을 잘 자면 규칙적인 생활을 할 수 있다는 내용(⑤)은 이 글에 나와 있지 않습니다.

> **오답 피하기** 📢
> ②, ③, ④ 글쓴이가 각각 2, 3, 4문단에서 의견에 대한 까닭으로 제시한 내용입니다.

3 3문단에서 우리의 뇌는 잠을 자는 사이에 필요 없는 기억은 지우고 중요한 기억은 따로 보관하면서 그날의 기억을 정리한다고 하였습니다.

> **오답 피하기** 📢
> (1) 성장 호르몬이 적게 나오면 키가 잘 크지 못한다는 내용은 있지만(2문단), 성장 호르몬이 많이 나올 때 어떤 문제가 생기는지는 이 글에 나와 있지 않습니다.
> (3) 잠을 잘 때 우리 몸이 낮에 활동하면서 쌓인 피로를 푼다는 내용은 있지만(4문단), 낮에 활동하면서 피로가 쌓이는 까닭이 무엇인지는 이 글에 나와 있지 않습니다.

4 다음 날 활기차게 생활하려면 일찍 잠들어야 한다는 것은 잠을 충분히 자야 피로가 풀린다는 글쓴이의 의견과 같은 의견입니다.

> **오답 피하기** 📢
> 준수, 정희: 밤늦게까지 운동을 해야 한다거나, 잠을 줄여야 한다는 것은 글쓴이의 의견과 다른 의견입니다.

1 ③

2 (1) ㉠ (2) ㉡, ㉢

3 (1) ○ 💡훼손

4 (3) ×

1 4문단에서 문화유산은 한번 망가지면 되돌리기 어려우며, 겨우 고친다고 하더라도 처음 만들었을 때와 완전히 똑같을 수 없다고 하였습니다.

✎ **이 문제를 틀렸다면**

①과 ④는 1문단을, ②는 2문단을, ⑤는 3문단을 읽으며 확인해 봅니다.

2 글쓴이의 의견은 주로 '~해야 해요.', '~라고 생각해요.', '~하면 좋겠습니다.'와 같은 문장에서 드러납니다. ㉠~㉢ 중에서 글쓴이의 의견이 드러난 문장은 '~해야 해요.'로 끝나는 ㉠입니다. 글쓴이가 ㉠과 같이 문화유산을 아끼고 보호해야 한다고 생각한 까닭은 한순간의 실수나 장난으로도 문화유산이 망가질 수 있고, 문화유산은 한번 망가지면 되돌리기가 어렵기 때문입니다. 따라서 글쓴이의 의견에 대한 까닭은 ㉡과 ㉢입니다.

✎ **이 문제를 틀렸다면**

글쓴이의 의견은 글의 제목에 나타나 있기도 합니다. 이 글의 제목을 살펴보며 글쓴이의 의견을 파악해 봅니다.

3 이 글에서는 문화유산을 함부로 대하지 말고, 아끼고 보호해야 한다고 하였습니다. 문화유산 주위에 설치된 울타리 밖에서 문화유산을 관람하는 것은 문화유산이 망가지지 않게 주의하는 것이므로, 문화유산을 보호하는 행동이라고 볼 수 있습니다.

⚠ **오답 피하기**

(2), (3) 문화유산을 잡고 흔드는 것과 문화유산에 낙서를 하는 것은 문화유산을 함부로 대하는 행동입니다.

4 화재로 인해 불탄 숭례문은 문화유산을 잘 보호하지 못해 훼손된 경우이지, 우리나라의 문화유산을 다른 나라에 빼앗긴 경우가 아닙니다.

⚠ **오답 피하기**

(1) 글쓴이는 망가진 문화유산을 고치는 데 막대한 시간과 비용이 든다고 하였습니다.

(2) 글쓴이는 조상들로부터 물려받은 문화유산을 아끼고 보호해야 한다고 하였습니다.

1 (1) ① (2) ③ (3) ②

2 (1) 기억력 (2) 막대한 (3) 당분간

3 (1) V   **4** (1) 안전 (2) 충분하다

5 (1) V

2 (1)의 빈칸에는 '이전의 경험 등을 머릿속에 간직해 두는 능력.'이라는 뜻의 '기억력'이, (2)의 빈칸에는 '더할 수 없이 많거나 큰.'이라는 뜻의 '막대한'이, (3)의 빈칸에는 '앞으로 얼마 동안에.'라는 뜻의 '당분간'이 들어가는 것이 알맞습니다.

3 '보충합니다'는 '부족한 것을 보태어 채웁니다.'라는 뜻입니다. (1)에서 손톱과 발톱은 채우는 것이 아니라 잘라야 하는 것이므로, '보충합니다' 대신 '자릅니다'를 써야 자연스럽습니다.

✎ **이 문제를 틀렸다면**

52쪽의 "이를 통해 낮에 활동하면서 쌓인 피로를 풀고, 다음 날 사용할 힘을 보충합니다."라는 문장을 찾아 '보충합니다'의 뜻을 살펴봅니다.

4 '위험'과 뜻이 반대되는 낱말은 '위험이 생기거나 사고가 날 염려가 없음.'이라는 뜻의 '안전'입니다. 그리고 '부족하다'와 뜻이 반대되는 낱말은 '모자라지 않고 넉넉하다.'라는 뜻의 '충분하다'입니다.

⚠ **오답 피하기**

'안부'는 '어떤 사람이 편안하게 잘 지내는지에 대한 소식. 또는 인사로 그것을 전하거나 묻는 일.'이라는 뜻이고, '충실하다'는 '내용이 알차고 단단하다.'라는 뜻입니다.

5 '티끌 모아 태산'은 '아무리 작은 것이라도 모이고 모이면 나중에 큰 덩어리가 된다.'라는 뜻의 속담입니다. (1)은 매일 동전을 모아 저금통을 가득 채울 만큼 동전을 많이 모은 상황이므로, '티끌 모아 태산'과 어울립니다.

⚠ **오답 피하기**

(2) 용돈을 모으지 않고 간식을 사 먹는 데 용돈을 다 쓴 상황이므로, '티끌 모아 태산'과 어울리지 않습니다.

중요한 내용 정리하기

확인 문제   59쪽

뱀, 두더지

■ 이 글에서 각 문단의 중심 문장은 모두 첫 번째 문장입니다. 이들 중심 문장을 바탕으로 글의 중요한 내용을 정리하면, '뱀 로봇, 코끼리 코 로봇, 두더지 로봇과 같이 동물의 특징을 본떠 만든 로봇들이 있다.'라고 할 수 있습니다.

1 │ 줄이 만들어 내는 음악   60~61쪽

1 ②, ④   **2** 문질러서, 손가락

3 (2) ✕   **4** (1) ㉠ (2) ㉡ 💡해금

1 1문단에서 줄로 소리를 내는 악기를 '현악기'라고 한다고 하였고(④), 3문단에서 기타는 바이올린과 비슷하게 생겼다고 하였습니다(②).

2 이 글은 현악기의 두 가지 종류를 설명하고 있습니다. 하나는 2문단에서 설명하는 '줄을 문질러서 연주하는 현악기'이고, 다른 하나는 3문단에서 설명하는 '손가락으로 줄을 튕겨서 연주하는 현악기'입니다.
✏️ 이 문제를 틀렸다면
2문단과 3문단의 중심 문장을 찾아봅니다.

3 바이올린의 줄은 네 개이고, 기타는 바이올린보다 줄이 두 개 더 많습니다. 따라서 기타에는 일곱 개가 아니라 여섯 개의 줄이 달려 있을 것입니다.
✏️ 이 문제를 틀렸다면
글에 나와 있는 바이올린, 첼로, 해금, 기타, 하프, 가야금이 각각 어떤 종류의 현악기에 속하는지 구분해 봅니다.

4 해금(㉠)은 활로 줄을 문지르며 연주하는 악기이고, 가야금(㉡)은 손가락으로 줄을 튕기면서 연주하는 악기라고 하였습니다.

2 │ 올챙이는 어떻게 개구리가 될까?   62~63쪽

1 한살이   **2** ⑤

3 수아   **4** (2)○ 💡헤엄

1 이 글은 개구리의 알에서 올챙이가 부화하고, 올챙이가 자라 개구리가 되고, 개구리가 다시 알을 낳는 과정을 설명하고 있습니다. 따라서 이 글의 중심 내용은 '개구리의 한살이'입니다.
✏️ 이 문제를 틀렸다면
1문단에서 무엇을 살펴보자고 했는지 찾아봅니다.

2 3문단에서 올챙이는 물고기처럼 아가미를 이용해 숨을 쉰다고 하였습니다. 폐와 피부를 이용해 숨을 쉬는 것은 올챙이가 아니라 개구리입니다.
✏️ 이 문제를 틀렸다면
①과 ②는 2문단을, ③은 5문단을, ④는 3문단을 읽으며 확인해 봅니다.

3 4문단에서 중심 문장은 "올챙이는 개구리가 되기까지 여러 과정을 거쳐요."입니다. 따라서 4문단의 중요한 내용은 '올챙이가 개구리가 되는 과정'이고, 수아는 이를 잘 정리하여 말했습니다.
오답 피하기 ❗
은희, 민재: 4문단의 중요한 내용이 아닌, 일부 내용만을 정리하였습니다.

4 '개구리 올챙이 적 생각 못 한다.'라는 속담에는 '개구리는 잘났지만 개구리의 예전 모습인 올챙이는 그렇지 않다'는 의미가 담겨 있습니다. 그러므로 ㉠에는 이러한 속담이 생길 만큼 개구리와 올챙이가 다르게 생겼다는 내용이 들어가야 합니다. 이는 개구리와 올챙이의 차이점을 설명한 ㉠의 뒤 내용과도 자연스럽게 이어집니다.
오답 피하기 ❗
(1) ㉠의 뒤 내용을 고려하면, ㉠에 개구리와 올챙이가 닮은 점이 많다는 말이 들어가는 것은 어색합니다.
(3) 개구리와 올챙이가 뽐내는 것을 좋아해서 '개구리 올챙이 적 생각 못 한다.'라는 속담이 생긴 것은 아닙니다.

1 ② 💡몸속   **2** ㉯

3 공장, 석유   **4** (2)○

1 ❸문단에서 미세 먼지는 작고 가벼워서 우리 몸속 깊이 들어올 수 있고, 이러한 미세 먼지가 몸속에 계속 쌓이면 면역력이 떨어진다고 하였습니다.

✎ **이 문제를 틀렸다면**
①과 ③은 ❶문단을, ④는 ❷문단을, ⑤는 ❸문단을 읽으며 확인해 봅니다.

2 황사는 중국과 몽골의 모래사막에서 강한 바람을 타고 날아온 것이고, 미세 먼지는 공장과 자동차, 발전소 등에서 나오는 오염 물질 때문에 생긴 것입니다. 따라서 ㉯는 황사에만 해당하는 설명입니다.

🚫 **오답 피하기**
㉮, ㉰ 미세 먼지와 황사는 모두 봄에 찾아와 하늘을 뿌옇게 만들고, 우리 몸에 해롭습니다(❹문단).

3 ❷문단에서 중심 문장은 "미세 먼지는 공장과 자동차, 발전소 등에서 나오는 오염 물질 때문에 생겨요." 입니다. 이를 바탕으로 ❷문단의 중요한 내용을 정리하면, '미세 먼지는 공장에서 매연이 나올 때, 자동차가 배기가스를 내뿜을 때, 발전소에서 석탄이나 석유를 태울 때 생긴다.'라고 할 수 있습니다.

4 제시된 그림을 통해 오늘은 미세 먼지가 심하다는 것을 알 수 있습니다. 이 글에서는 미세 먼지가 심한 날에 밖에 있다가 집으로 들어오면 손과 얼굴을 깨끗이 씻어야 한다고 하였습니다.

🚫 **오답 피하기**
(1), (3) 미세 먼지가 심한 날에는 밖에 나갈 때 반드시 마스크를 써야 하고, 창문을 자주 열지 않는 것이 좋습니다(❺문단).

1 (1)③ (2)① (3)②

2 (1) 면역력 (2) 대표적 (3) 아가미

3 (2) V   **4** 성장하다

5 (1) 쌓여 (2) 싸인

2 (1)의 빈칸에는 '몸 밖에서 들어온 병균을 이겨 내는 힘.'이라는 뜻의 '면역력'이, (2)의 빈칸에는 '어떤 집단이나 분야를 대표할 만큼 가장 두드러지거나 뛰어난 것.'이라는 뜻의 '대표적'이, (3)의 빈칸에는 '물속에서 사는 동물이 숨을 쉴 수 있게 하는 기관.'이라는 뜻의 '아가미'가 들어가는 것이 알맞습니다.

3 '부화해요'는 '동물의 알 속에서 새끼가 껍데기를 깨고 밖으로 나와요.'라는 뜻입니다. (2)에서 새끼 고양이는 알이 아니라 어미의 뱃속에서 나오므로, '부화해요' 대신 '태어나요'를 써야 자연스럽습니다.

✎ **이 문제를 틀렸다면**
62쪽의 "일주일쯤 지나면 알에서 올챙이가 부화해요."라는 문장을 찾아 '부화해요'의 뜻을 살펴봅니다.

4 '자라다'와 뜻이 비슷한 낱말은 '사람이나 동물 등이 자라서 점점 커지다.'라는 뜻의 '성장하다'입니다.

🚫 **오답 피하기**
'성공하다'는 '원하거나 목적하는 것을 이루다.'라는 뜻이고, '성급하다'는 '성질이 급하다.'라는 뜻이며, '성실하다'는 '정성스럽고 참되다.'라는 뜻입니다.

5 '싸이다'와 '쌓이다'는 뜻이 다르지만 글자가 비슷하여 헷갈리는 말입니다. (1)에서는 눈이 겹겹이 포개어져 놓인 것이므로 '쌓여'가 알맞습니다. (2)에서는 선물 상자가 포장지에 씌워져 가려진 것이므로 '싸인'이 알맞습니다.

장소 변화에 따라 일이 일어난 차례 알기

확인 문제   69쪽

(1) 그늘 (2) 밖

■ 욕심쟁이 영감의 집 앞에서 총각은 영감에게 열 냥을 주고 나무 (1)그늘을 샀습니다. 한낮이 되자, 그늘을 따라 욕심쟁이 영감의 방 안으로 들어온 총각은 욕심쟁이 영감을 (2)밖으로 내쫓았습니다.

1 브레멘 음악대   70~71쪽

1 음악대 💡 악기   2 (2)×

3 (1)③ (2)② (3)①   4 병희

1 당나귀, 사냥개, 고양이, 수탉은 브레멘에 있는 음악대에 들어가기 위해 브레멘을 향해 걸었습니다.

2 도둑들은 창밖에 비친 동물들의 커다란 그림자를 보고 귀신이라고 생각해서 도망친 것이지, 귀신을 보고 도망친 것이 아닙니다.

3 이 글은 '농장→길→오두막'의 순서로 장소가 바뀌고 있습니다. 농장에서는 주인이 늙어 힘이 약해진 당나귀에게 먹이를 주지 않았습니다(③). 길에서는 당나귀가 사냥개, 고양이, 수탉의 이야기를 들었습니다(②). 오두막에서는 당나귀, 사냥개, 고양이, 수탉이 도둑들이 남긴 음식을 배불리 먹었습니다(①).

4 당나귀는 늙어서 힘이 약해지자 주인이 먹이를 주지 않아 농장을 뛰쳐나왔습니다. 사냥개는 나이가 드니 주인이 자신을 팔려고 해서, 고양이는 늙어서 쥐를 못 잡으니 주인이 구박만 해서, 수탉은 나이가 많아 쓸모가 없다고 주인이 잡아먹으려 해서 집에서 도망쳐 나왔습니다. 따라서 이들은 모두 늙었다는 이유로 주인에게 버림받아 도망쳐 나온 동물들입니다.

✏️ **이 문제를 틀렸다면**
동물들이 왜 주인을 떠났는지 확인해 봅니다.

2 소가 된 게으름뱅이   72~73쪽

1 (2)○ 💡 일   2 ③

3 ③   4 노원

1 게으름뱅이는 노인에게 속아 소가 되었고, 농부에게 팔려 이른 아침부터 해가 질 때까지 밭을 갈았습니다.

오답 피하기 ❗
(1) 아내는 게으름뱅이에게 당장 일하러 나가라며 잔소리를 했습니다. 게으름뱅이가 아내에게 잔소리를 한 것이 아닙니다.
(3) 무슨 탈을 만드냐는 게으름뱅이의 질문에 노인은 이 탈을 쓰면 아주 좋은 일이 생긴다고 말했습니다. 게으름뱅이가 노인에게 좋은 일이 생기는 탈을 만들어 달라고 부탁한 것이 아닙니다.

2 아내가 게으름뱅이에게 화를 낸 것은 게으름뱅이가 집 밖으로 나오기 전에 있었던 일이고, 나머지는 게으름뱅이가 집 밖으로 나온 뒤에 있었던 일입니다.

✏️ **이 문제를 틀렸다면**
①~⑤를 일어난 차례에 맞게 정리해 봅니다.

3 ㉠에서 게으름뱅이는 그동안 게으름을 피우며 살아서 소가 되는 벌을 받았다고 생각하고 있습니다. 이때 게으름뱅이는 놀기만 했던 지난날이 후회스러웠을 것입니다. ㉡에서 게으름뱅이는 다시 사람이 되었다고 말하고 있습니다. 이때 게으름뱅이는 소에서 사람으로 돌아오게 되어 기뻤을 것입니다.

✏️ **이 문제를 틀렸다면**
㉠과 ㉡에서 게으름뱅이가 처한 상황이 어떻게 바뀌었는지 살펴봅니다.

4 매일 빈둥대던 게으름뱅이는 노인이 준 탈을 썼다가 소가 되어 힘들게 일했습니다. 하지만 그 덕분에 게을렀던 자신을 반성하고 부지런히 농사를 지으며 살게 되었으므로 다행이라고 말해 줄 수 있을 것입니다.

오답 피하기 ❗
서현: 게으름뱅이는 "이 소는 무를 먹으면 죽는다네."라는 노인의 말을 믿고, 죽기 위해 무를 뽑아 먹었습니다. 게으름뱅이가 노인의 말을 듣고 사람이 되는 방법을 알아챈 것이 아닙니다.

1 ④　　　　**2** ⑤

3 ㉓ → ㉑ → ㉒　　　　**4** (2) ○ 💡길쭉길쭉

1 (1) ① (2) ② (3) ③

2 (1) 특산물 (2) 차지할 (3) 차라리

3 (2) V　　　　**4** 공간

5 (2) V

---

1 이 글은 글쓴이가 아빠와 충청북도 단양으로 여행을 가서 보고 느낀 점을 기록한 기행문입니다.

오답 피하기 🔔

① 석회암이 빗물에 녹는다는 설명이 나와 있기는 하지만, 이는 글쓴이가 고수 동굴에 가서 알게 된 사실을 기록한 것입니다. 글쓴이가 이러한 석회암의 특징을 알려 주기 위해 이 글을 썼다고 보기는 어렵습니다.

②, ③, ⑤ 이 글에는 단양 마늘의 좋은 점, 단양 여행을 갈 때 주의할 점, 도담 삼봉과 고수 동굴의 차이점에 대한 내용이 나와 있지 않습니다.

2 2문단에서 도담 삼봉은 남한강 한가운데에 우뚝 솟아 있는 세 개의 커다란 바위섬이라고 하였습니다.

오답 피하기 🔔

① 마늘을 넣은 다양한 음식을 파는 곳은 구경 시장입니다(4문단).
② 벽이 없는 집인 정자가 지어진 곳은 도담 삼봉입니다(2문단).
③, ④ 석회암이 빗물에 녹으면서 만들어졌고, 안에 들어서면 냉장고 문을 연 것처럼 시원한 곳은 고수 동굴입니다(3문단).

3 글쓴이는 단양에 도착해 첫 번째로 도담 삼봉에 갔습니다. 이곳에서 글쓴이는 정자에 앉아 바람을 맞으며 푸른 강물을 바라보는 상상을 했습니다(㉓). 글쓴이는 두 번째로 고수 동굴에 가서 모양과 크기가 제각기 다른 돌들을 보았습니다(㉑). 고수 동굴을 나온 뒤에는 구경 시장에 들러 엄마가 좋아하시는 마늘빵을 잔뜩 샀습니다(㉒).

✏️ 이 문제를 틀렸다면

장소를 나타내는 말에 동그라미를 치며 글을 읽어 봅니다.

4 고수 동굴 안에는 길쭉길쭉한 돌이 천장에도 매달려 있고, 바닥에도 솟아올라 있다고 하였습니다.

오답 피하기 🔔

(1) 천장이나 바닥에 길쭉길쭉한 돌들이 없습니다.
(3) 돌이 아니라 얼음으로 이루어진 동굴입니다.

2 (1)의 빈칸에는 '어떤 지역에서 특별히 나는 물건.'이라는 뜻의 '특산물'이, (2)의 빈칸에는 '물건이나 장소, 지위 등을 자기 몫으로 가질.'이라는 뜻의 '차지할'이, (3)의 빈칸에는 '여러 가지 사실을 말할 때, 저렇게 하는 것보다 이렇게 하는 것이 나음을 나타내는 말.'이라는 뜻의 '차라리'가 들어가는 것이 알맞습니다.

3 '유유히'는 '움직임이 느긋하고 여유가 있게.'라는 뜻입니다. (2)에서 배가 고픈 '나'는 밥을 느긋하게 먹지 못했을 것이므로, '유유히' 대신 '급하게'나 '허겁지겁' 등을 써야 자연스럽습니다.

✏️ 이 문제를 틀렸다면

74쪽의 "유유히 흐르는 남한강의 물결과 그 위에 떠 있는 듯한 바위섬이 무척 아름다웠다."라는 문장을 찾아 '유유히'의 뜻을 살펴봅니다.

4 '장소'와 뜻이 비슷한 낱말은 '어떤 일을 하기 위한 특정한 장소.'라는 뜻의 '공간'입니다.

오답 피하기 🔔

'난간'은 '안전을 위하여 계단, 다리, 마루 등의 가장자리를 일정한 높이로 막아서 설치한 구조물.'이라는 뜻이고, '시간'은 '어떤 때에서 다른 때까지의 동안.'이라는 뜻이며, '약간'은 '얼마 되지 않음.'이라는 뜻입니다.

5 '머리를 맞대다.'는 '여러 명이 모여서 서로 어떤 일을 의논하다.'라는 뜻의 관용어입니다. (2)는 반 친구들이 모여 학급 규칙에 대해 의논하는 상황이므로, '머리를 맞대다.'와 어울립니다.

오답 피하기 🔔

(1) 반 친구들끼리 운동장에 모여 축구를 하는 것은 어떤 일을 의논하는 상황이 아니므로, '머리를 맞대다.'와 어울리지 않습니다.

(2)○

■ 여우는 까마귀의 치즈를 빼앗기 위해 까마귀에게 노래를 불러 달라고 부탁했고, 까마귀는 노래를 부르기 위해 입을 크게 벌렸습니다. 따라서 까마귀가 떨어뜨린 치즈를 여우가 잽싸게 주워 먹는 내용이 이어지는 것이 자연스럽습니다.

1 돌멩이 수프

80~81쪽

1 ④	**2** ㉮ → ㉰ → ㉯
3 (3)○ 💡맛있는	**4** 찬미

1 ㉠은 앞 문장에 나와 있는 '나그네가 돌멩이로 수프를 만든다는 소식'을 가리킵니다.

2 나그네는 냄비를 빌려 물을 끓이고, 가방에서 돌멩이를 꺼내 물이 담긴 냄비에 넣었습니다(㉮). 나그네는 돌멩이 수프를 한 숟갈 떠서 먹더니, 다른 재료를 넣으면 훨씬 맛있어지겠다고 말했습니다(㉰). 돌멩이 수프를 먹고 싶었던 마을 사람들은 집에 있는 음식 재료를 하나씩 가져와 수프에 넣었습니다(㉯).

3 나그네는 마을 사람들에게 집에 있는 재료들을 가져와 수프에 넣고 다 같이 나누어 먹자고 말했고, 완성된 수프에서는 맛있는 냄새가 풍겼습니다. 따라서 나그네와 마을 사람들이 수프를 나누어 먹고 맛있다고 감탄하는 내용이 이어지는 것이 자연스럽습니다.

4 나그네는 마을 사람들에게 돌멩이만 넣은 수프도 맛이 훌륭하지만, 다른 재료를 넣으면 더 맛있어질 것이라고 말했습니다. 나그네는 이러한 말로 마을 사람들의 관심을 끌어 다양한 재료를 넣은 수프를 만들려고 했을 것입니다.

오답 피하기 💧

선후: 나그네는 돌멩이를 자랑하려고 수프를 끓인 것이 아닙니다. 또한 수프가 맛있어진 까닭은 돌멩이를 넣어서가 아니라, 마을 사람들이 다양한 재료를 가져와 넣었기 때문입니다.

2 선비와 거위 똥

82~83쪽

1 진주알	**2** ㉯
3 (3)○	**4** ④ 💡선비

1 주막집 주인의 아이가 진주알을 가지고 놀다 땅에 떨어뜨리자, 거위가 그 진주알을 삼켜 버렸습니다.

2 다음 날 아침, 선비의 말대로 주막집 주인이 막대기로 거위의 똥을 뒤져 보니 똥 속에서 진주알이 나왔습니다.

오답 피하기 💧

㉮, ㉰, ㉭ '어느 날 저녁'에 일어난 일입니다.

3 선비는 거위가 진주알을 삼키는 것을 보았는데도 ㉠과 같이 모르는 척을 했습니다. ㉠의 뒤 내용으로 보아, 이는 거위 뱃속에 진주알이 있는 것을 알게 되면 주인이 거위를 죽일지도 모른다고 생각했기 때문일 것입니다.

오답 피하기 💧

(1) 선비는 거위가 진주알을 삼키는 것을 보았으므로, ㉠을 말할 때 진주알이 거위 뱃속에 있음을 알았을 것입니다.

(2) 다음 날 아침 주막집 주인에게 거위 똥 속에 진주알이 있다고 알려 준 것으로 보아, 선비는 진주알을 가져가려는 생각을 하지 않았을 것입니다.

4 선비가 진주알을 훔친 도둑일 거라고 의심한 주막집 주인은 밧줄로 선비를 묶었습니다. 다음 날 아침, 주막집 주인은 거위가 싼 똥에 진주알이 있는 것을 보고 선비가 진주알을 훔치지 않았다는 사실을 알게 되었습니다. 이 뒷이야기로는 주막집 주인이 선비를 오해한 것에 대해 사과하며 밧줄을 풀어 주는 내용이 이어지는 것이 자연스럽습니다.

✏️ **이 문제를 틀렸다면**

선비에 대한 주막집 주인의 생각이 어떻게 바뀌었는지 살펴봅니다.

1 (2) ○   **2** ③ 💡음식

3 (1) 지팡이 (2) 식탁보   **4** 승수

1 갑자기 거센 북풍이 불어 소년의 밀가루가 날아가 버리자, 소년은 북풍을 찾아가 밀가루를 돌려 달라고 했습니다.

> **오답 피하기** 💡
>
> (1) 소년은 밀가루가 날아간 뒤에 이를 돌려받기 위해 북풍을 찾아갔습니다.
>
> (3) 소년이 두 번째로 북풍을 찾아간 까닭입니다.

2 소년은 요술 식탁보로 엄마께 매일 맛있는 음식을 차려 드려야겠다며 기뻐했습니다. 하지만 집주인 아주머니가 소년의 요술 식탁보를 훔치고 평범한 식탁보를 가져다 놓았기 때문에, 집에 돌아온 소년이 식탁보를 펼쳤을 때는 음식이 나오지 않았습니다.

3 요술 식탁보는 펼치기만 하면 음식이 나오는 물건이고, 요술 지팡이는 때리라고 말하면 계속 쫓아가서 때리는 물건입니다. 따라서 "때려라!"라는 소년의 말에 아주머니를 때린 것은 요술 지팡이일 것입니다. 또 아주머니가 소년에게 돌려준 것은 어제 소년에게서 훔친 물건인 요술 식탁보일 것입니다.

> ✎ **이 문제를 틀렸다면**
>
> 북풍이 소년에게 한 말을 통해 요술 식탁보와 요술 지팡이가 어떤 요술을 부리는 물건인지 파악해 봅니다.

4 집주인 아주머니는 소년의 요술 식탁보를 훔쳤고, 소년의 요술 지팡이까지 훔치려고 했습니다. 따라서 소년의 물건을 두 번이나 훔치려고 한 집주인 아주머니를 보고 욕심이 많다고 생각할 수 있습니다.

> **오답 피하기** 💡
>
> 민아: 북풍은 밀가루를 돌려 달라는 소년에게 밀가루 대신 요술 식탁보를 주었고, 식탁보의 요술이 사라졌다고 말하는 소년에게 요술 지팡이를 주었습니다. 소년이 북풍을 설득해서 요술을 부리는 물건들을 얻은 것이 아니므로, 이를 들어 소년이 지혜롭다고 말하는 것은 알맞지 않습니다.

1 (1) ② (2) ③ (3) ①

2 (1) 광장 (2) 북풍 (3) 도통

3 (2) V   **4** (1) 풍년 (2) 승낙하다

5 (1) V

2 (1)의 빈칸에는 '많은 사람이 모일 수 있게 거리에 만들어 놓은, 넓은 빈터.'라는 뜻의 '광장'이, (2)의 빈칸에는 '북쪽에서 불어오는 바람.'이라는 뜻의 '북풍'이, (3)의 빈칸에는 '아무리 해도.'라는 뜻의 '도통'이 들어가는 것이 알맞습니다.

3 '허기진'은 '몹시 굶어 기운이 빠진.'이라는 뜻입니다. (2)에서 간식을 잔뜩 먹었다면 허기진 상태가 아니라 배부른 상태일 것이므로, '허기진' 대신 '배부른'을 써야 자연스럽습니다.

> ✎ **이 문제를 틀렸다면**
>
> 80쪽의 "허기진 나그네는 마을을 돌아다니며 음식을 구했습니다."라는 문장을 찾아 '허기진'의 뜻을 살펴봅니다.

4 '흉년'과 뜻이 반대되는 낱말은 '농사가 잘되어 다른 때보다 수확이 많은 해.'라는 뜻의 '풍년'입니다. 그리고 '거절하다'와 뜻이 반대되는 낱말은 '남이 부탁하는 것을 들어주다.'라는 뜻의 '승낙하다'입니다.

> **오답 피하기** 💡
>
> '작년'은 '지금 지나가고 있는 해의 바로 전 해.'라는 뜻이고, '거부하다'는 '요구나 제안 등을 받아들이지 않다.'라는 뜻입니다.

5 '눈 깜짝할 사이'는 '매우 짧은 순간.'이라는 뜻의 관용어입니다. (1)은 배가 고파서 밥 한 공기를 매우 짧은 순간에 다 먹은 상황이므로, '눈 깜짝할 사이'와 어울립니다.

> **오답 피하기** 💡
>
> (2) 잃어버린 동전을 찾으려고 바닥을 찬찬히 살피는 것은 동전을 찾는 데 시간을 들이는 상황이므로, '눈 깜짝할 사이'와 어울리지 않습니다.

인물의 모습과 행동 상상하기

확인 문제 　　　　　　　　　　　　　　　89쪽

(1) ○

■ 재봉사의 말에 속아 벌거벗은 채로 성 밖에 나간 임금님은 아이의 말을 듣고 자신이 옷을 입지 않았다는 사실을 깨달았습니다. 따라서 ㉠에서 임금님은 벌거벗은 모습이고, 그러한 모습으로 사람들 앞에 나선 것이 부끄러워 고개를 푹 숙였을 것입니다.

1	떡시루 잡기 시합	90~91쪽

1　떡시루, 떡　　　　　　2　㉯ → ㉮ → ㉰
3　명서　　　　　　　　4　(2) ○ 💡등

1　호랑이는 두꺼비에게 떡시루를 언덕 아래로 굴린 다음에 그 떡시루를 쫓아가서 먼저 잡는 쪽이 떡을 다 먹는 시합을 하자고 말했습니다.

2　호랑이가 언덕 아래로 떡시루를 굴린 다음, 호랑이와 두꺼비가 굴러가는 떡시루를 향해 뛰었습니다(㉯). 언덕 아래에 먼저 도착한 호랑이가 굴러오는 떡시루를 잡았지만, 떡시루 안에 떡은 없고 팥고물만 조금 남아 있었습니다(㉮). 호랑이가 언덕을 올라가 보니 두꺼비가 땅에 떨어진 떡을 주워 먹고 있었습니다(㉰).

3　호랑이가 화가 난 까닭은 자기가 먼저 떡시루를 잡아 혼자 떡을 다 먹게 될 줄 알았는데, 떡시루는 비어 있고 땅에 떨어진 떡을 두꺼비가 먹고 있었기 때문일 것입니다.

오답 피하기 💡

보훈: 호랑이가 떡을 혼자 다 먹기 위해 두꺼비에게 불리한 시합을 제안했던 것이므로, 알맞게 짐작한 내용입니다.

대희: 처음에 두꺼비와 호랑이가 함께 떡을 만들어 먹기로 했었으므로, 알맞게 짐작한 내용입니다.

4　호랑이가 던진 팥고물은 두꺼비의 등에 찰딱 달라붙었다고 하였습니다.

2	심술쟁이 사또	92~93쪽

1　산딸기　　　　　　　2　⑤
3　(1) ② (2) ① 💡뱀　　4　(2) ○

1　사또는 이방을 불러 달콤한 산딸기가 먹고 싶으니 얼른 나가서 구해 오라고 말했습니다.

2　이방의 아들은 사또를 찾아가 울먹거리며 아버지가 편찮으셔서 자신이 대신 왔다고 말했습니다.

오답 피하기 💡

① 이방이 산에 갔다가 뱀에게 물렸다는 것은 이방을 위해 아들이 한 거짓말입니다.

② 사또는 의자에 앉아 산딸기를 먹은 것이 아니라, 이방에게 산딸기를 구해 오라고 말했습니다.

③ 사또는 이방을 찾아가지 않았습니다.

④ 이방의 아들은 아버지를 대신해 큰 벌을 받지 않았습니다.

3　㉠에서 이방은 사또에게 산딸기를 바치지 못해 큰 벌을 받을까 봐 걱정하고 있으므로, 어두운 얼굴로 한숨을 내쉬는 행동이 어울립니다(②). ㉡에서 사또는 겨울 산에 뱀이 있다는 이방 아들의 말을 믿지 못하고 있으므로, 어이없다는 듯이 코웃음을 치는 행동이 어울립니다(①).

✏️ 이 문제를 틀렸다면

㉠과 ㉡의 앞뒤 내용을 통해 이방과 사또가 처한 상황을 이해하고, 그에 맞는 목소리와 표정, 몸짓 등을 상상해 봅니다.

4　겨울 산에 산딸기도 있는데 뱀이 없겠느냐는 이방 아들의 말을 들은 사또는 자신의 요구가 억지스러운 것이었다는 사실을 들켜 당황했을 것이고, 그래서 얼굴이 빨개진 채 황급히 방에 들어갔을 것입니다.

오답 피하기 💡

(1) 사또가 이방의 아들에게 "지금은 겨울인데 어찌 산에 뱀이 있단 말이냐?"라고 말한 것으로 보아, 사또는 겨울 산에 뱀이 없다는 사실을 알고 있었습니다.

(3) 이방의 아들이 한 말을 듣고 사또는 "그건……."이라며 말을 잇지 못하다가 황급히 방에 들어갔습니다. 이는 이방의 아들에게 화를 내는 행동으로 보기 어렵습니다.

3 **행복한 왕자**

1 (3) ×　　　　　　　**2** ⑤

3 ㉯ → ㉰ → ㉮　💡 잿빛　　**4** 하은

1 가난한 작가와 성냥팔이 소녀에게 사파이어를 가져다 준 것은 행복한 왕자가 아니라 제비입니다.

✎ **이 문제를 틀렸다면**

행복한 왕자가 한 일과 제비가 한 일을 각각 확인해 봅니다.

2 ㉠은 행복한 왕자가 가난해서 힘들게 살아가는 사람들의 모습을 보고 마음 아파하며 울면서 한 말이므로, 안타까워하는 목소리가 어울립니다.

오답 피하기 🔔

①, ②, ③, ④ 가난한 사람들을 보며 마음 아파하는 상황과 어울리지 않습니다.

3 행복한 왕자는 원래 온몸이 금으로 덮여 있었고, 두 눈은 푸른 사파이어였으며, 붉은 루비가 박힌 칼자루를 쥐고 있었습니다(㉯). 어느 겨울날, 왕자의 부탁을 받은 제비는 칼자루에 박힌 루비와 사파이어로 된 왕자의 눈을 아픈 아이와 가난한 작가, 성냥팔이 소녀에게 가져다주었습니다(㉰). 이후에도 왕자는 자신의 몸을 덮고 있던 금을 떼어 가난한 사람들에게 나누어 주었고, 결국 왕자는 어두운 잿빛으로 변했습니다(㉮).

4 금과 보석을 모두 가난한 사람들에게 베푼 행복한 왕자를 보고, 자기도 행복한 왕자처럼 어려운 사람들에게 도움을 주는 삶을 살고 싶다고 생각할 수 있습니다.

오답 피하기 🔔

민준: 이 글에 제비가 행복한 왕자에게 은혜를 갚는 내용은 나와 있지 않습니다.

어휘 익히기

1 (1) ③ (2) ② (3) ①

2 (1) 동시 (2) 방안 (3) 동상

3 (3) V　　　　　　**4** (1) 유리하다 (2) 불행하다

5 (2) V

2 (1)의 빈칸에는 '같은 때.'라는 뜻의 '동시'가, (2)의 빈칸에는 '일을 처리하거나 해결할 방법이나 계획.'이라는 뜻의 '방안'이, (3)의 빈칸에는 '사람이나 동물 모양으로 만든 기념물.'이라는 뜻의 '동상'이 들어가는 것이 알맞습니다.

3 '볼품없이'는 '겉으로 드러나 보이는 모습이 초라하게.'라는 뜻입니다. (3)에서 여러 색깔을 써서 꾸민 그림은 볼품없지 않고 오히려 화려할 것이므로, '볼품없이' 대신 '화려하게'를 써야 자연스럽습니다.

✎ **이 문제를 틀렸다면**

94쪽의 "다음 날 아침이 되자, 사람들은 죽은 제비와 볼품없이 변한 행복한 왕자를 치워 버렸어요."라는 문장을 찾아 '볼품없이'의 뜻을 살펴봅니다.

4 '불리하다'와 뜻이 반대되는 낱말은 '이로움이 있다.'라는 뜻의 '유리하다'입니다. 그리고 '행복하다'와 뜻이 반대되는 낱말은 '행복하지 않다.'라는 뜻의 '불행하다'입니다.

오답 피하기 🔔

'다행하다'는 '뜻밖에 일이 잘되어 운이 좋다.'라는 뜻이고, '유용하다'는 '쓸모가 있다.'라는 뜻입니다.

5 '하늘이 무너져도 솟아날 구멍이 있다.'는 '아무리 어려운 경우에 처하더라도 살아 나갈 방법이 생긴다.'라는 뜻의 속담입니다. (2)는 캄캄한 밤에 산에서 길을 잃는 어려운 경우에 처했지만 결국 무사히 구조된 상황이므로, '하늘이 무너져도 솟아날 구멍이 있다.'와 어울립니다.

오답 피하기 🔔

(1) 일찍 일어났지만 느긋하게 준비를 하다가 지각한 것은 여유를 부리다 안 좋은 결과를 얻은 상황이므로, '하늘이 무너져도 솟아날 구멍이 있다.'와 어울리지 않습니다.

(2) ○

■ 빈칸 앞에는 수많은 관광객이 에펠 탑을 찾는다는 내용이 나오고, 빈칸 뒤에는 당시 사람들은 에펠 탑을 낯설어하고 반대했다는 내용이 나옵니다. 따라서 빈칸에는 에펠 탑이 처음 세워졌을 때 지금처럼 인기가 있지 않았다는 내용이 들어가야 합니다.

1 코딱지를 먹어도 될까?   100~101쪽

1 ⑤   2 세균, 콧구멍
3 ②   4 (1)× 💡상처

1 이 글은 1문단에서 "코딱지를 마음껏 파거나 먹어도 괜찮은 걸까요?"라고 하며 설명 대상이 '코딱지를 먹거나 파면 안 되는 까닭'임을 알려 주고, 이어지는 2, 3문단에서 이를 자세히 설명하고 있습니다.

2 2문단에 따르면, 우리가 숨을 들이마실 때 공기와 함께 콧속으로 들어온 먼지와 세균은 코털에 걸리고 끈적한 콧물에 붙잡힙니다. 코딱지는 이 먼지와 세균, 콧물이 섞여 콧구멍에서 말라붙은 것입니다.

3 ㉠의 뒤에는 코딱지를 파다가 콧속에 상처가 생기고, 세균이 그 상처로 들어갈 수 있다는 내용이 나옵니다. 따라서 ㉠에는 코딱지를 파는 것이 위험한 행동이라는 내용이 들어가야 합니다.

✏️ **이 문제를 틀렸다면**
㉠에 ①~⑤의 문장을 넣어 보고, 흐름이 자연스러운지 확인해 봅니다.

4 4문단에서는 콧속에 코딱지가 가득 찼을 때 콧구멍을 파지 말고 휴지로 코를 풀거나, 세수를 하고 콧속이 젖었을 때 코를 풀라고 하였습니다. 따라서 손가락을 깊이 넣으라고 말하는 것은 알맞지 않습니다.

2 콩의 변신   102~103쪽

1 ③ 💡간수   2 ㉣→㉯→㉰
3 (1) 된장 (2) 간장   4 (2)○

1 2문단에서 간수는 바닷물에서 소금을 만들고 남은 액체로, 콩물을 단단하게 굳히는 역할을 한다고 하였습니다.

오답 피하기 🚫
① 콩은 동글동글한 모양에 담백한 맛이 나는 곡식입니다(1문단).
② 메주는 콩을 푹 삶아서 절구에 넣고 으깬 다음, 뭉쳐서 네모 모양으로 빚은 것입니다(3문단).
④ 콩밥, 콩국수, 콩자반은 콩으로 만든 음식입니다(1문단).
⑤ 콩고기는 콩을 갈아서 고기와 비슷하게 만든 것입니다(4문단).

2 콩으로 두부를 만드는 과정은 2문단에서 알 수 있습니다. 먼저 물에 불린 콩을 갈아 콩물을 만듭니다(㉣). 이 콩물을 헝겊에 부어 건더기를 걸러 낸 다음 냄비에 넣고 끓입니다(㉯). 끓인 콩물에 간수를 넣고 천천히 젓습니다(㉮). 콩물에 물컹물컹한 덩어리가 생기기 시작하면 네모난 틀에 헝겊을 깔고 콩물을 붓습니다(㉰). 마지막으로 틀 위를 헝겊으로 덮고 무거운 것으로 눌러 물기를 뺍니다(㉱).

3 메주를 소금물에 넣고 한두 달 정도 기다리면 소금물이 까매지는데, 이 소금물이 간장이고 남은 메주가 된장입니다. 따라서 까만 소금물에 담긴 메주를 가리키는 (1)이 된장이고, 까만 소금물을 가리키는 (2)가 간장입니다.

✏️ **이 문제를 틀렸다면**
3문단에서 메주로 간장과 된장을 만드는 방법을 살펴봅니다.

4 ㉠의 뒤에는 콩이 전혀 다르게 생긴 음식으로 변신하려면 조금 복잡한 과정을 거쳐야 한다는 내용이 나옵니다. 따라서 ㉠에는 콩으로 만들었지만 콩과 다르게 생긴 음식들에 관련된 문장이 들어가야 합니다.

✏️ **이 문제를 틀렸다면**
㉠의 앞에 나오는 문장뿐만 아니라, ㉠의 뒤에 나오는 문장도 살펴봅니다.

1 ③

2 (1) 무겁고 (2) 작으며 (3) 짧아서

3 (2) ○ 💡새   **4** (2) ×

1 펭귄은 날지 못하는 새로, 펭귄의 깃털은 공기의 흐름을 타기보다 추위를 견디는 데 유리합니다. 깃털로 공기의 흐름을 타는 것은 하늘을 나는 새입니다.

오답 피하기 🔔

①, ② 펭귄은 날개와 부리가 있으며, 알을 낳습니다(1문단).

④ 펭귄은 속이 꽉 찬 뼈를 가지고 있어서 몸이 무겁습니다(2문단).

⑤ 과학자들은 펭귄이 하늘을 나는 것보다는 물속에서 헤엄치기 좋도록 진화해 왔다고 말합니다(5문단).

2 펭귄은 비슷한 크기의 다른 새들보다 몸이 (1)무겁고, 자기 몸에 비해 날개가 너무 (2)작으며, 깃털이 (3)짧아서 하늘을 날 수 없습니다.

✏️ 이 문제를 틀렸다면

2~4문단에서는 하늘을 날 수 있는 새와 하늘을 날지 못하는 펭귄의 특징을 비교하고 있습니다. 각각의 특징을 정리하며 글을 읽어 봅니다.

3 ㉠의 뒤에는 서로 반대되는 내용을 이어 주는 말인 '하지만'이 나오고, 펭귄은 새가 맞다는 내용이 이어지고 있습니다. 그러므로 ㉠에는 펭귄이 새가 아니라고 생각하는 사람도 있다는 내용이 들어가야 합니다.

4 이 글과 보기 를 통해 펭귄과 타조 모두 몸에 비해 날개가 작다는 사실은 알 수 있지만, 날개가 작아서 추위를 잘 견디는지는 알 수 없습니다. 이 글에서는 펭귄이 몸에 저장한 지방과 짧고 부드러운 깃털 덕분에 추위를 잘 견딘다고만 설명하였습니다.

오답 피하기 🔔

(1) 이 글과 보기 를 통해 펭귄과 타조 모두 날지 못하는 새라는 것을 알 수 있습니다.

(3) 보기 에서 타조는 날지 못하지만, 대신 매우 빠른 속도로 달릴 수 있게 다리가 발달했다고 하였습니다. 이를 통해 펭귄이 하늘을 나는 것보다 헤엄치기 좋도록 진화한 것처럼, 타조는 땅 위를 달리기 좋도록 진화했다고 생각할 수 있습니다.

---

1 (1) ① (2) ② (3) ③

2 (1) 탄력 (2) 헝겊 (3) 과정

3 (2) V   **4** 노력하다

5 (1) 적다 (2) 작고

2 (1)의 빈칸에는 '용수철처럼 튀거나 팽팽하게 버티는 힘.'이라는 뜻의 '탄력'이, (2)의 빈칸에는 '천의 조각.'이라는 뜻의 '헝겊'이, (3)의 빈칸에는 '어떤 일이나 현상이 되어 가는 차례나 그 모습.'이라는 뜻의 '과정'이 들어가는 것이 알맞습니다.

3 '말라붙은'은 '물기가 바싹 줄거나 말라서 아주 없어진.'이라는 뜻입니다. (2)에서 비를 맞은 옷은 말라붙은 것이 아니라 젖어 있어서 축축했을 것이므로, '말라붙은' 대신 '젖은'을 써야 자연스럽습니다.

✏️ 이 문제를 틀렸다면

100쪽의 "코딱지는 바로 이 먼지와 세균, 콧물이 섞여 콧구멍에서 말라붙은 것이에요."라는 문장을 찾아 '말라붙은'의 뜻을 살펴봅니다.

4 '애쓰다'와 뜻이 비슷한 낱말은 '목적을 이루기 위하여 몸과 마음을 다하여 애를 쓰다.'라는 뜻의 '노력하다'입니다.

오답 피하기 🔔

'강력하다'는 '힘이나 영향이 강하다.'라는 뜻이고, '고민하다'는 '마음속에 걱정거리가 있어 괴로워하고 신경을 쓰다.'라는 뜻이며, '포기하다'는 '하려던 일이나 생각을 중간에 그만두다.'라는 뜻입니다.

5 '작다'와 '적다'는 뜻이 다르지만 글자가 비슷하여 헷갈리는 말입니다. (1)에서는 살아온 햇수인 나이가 일정한 기준에 미치지 못하는 것이므로 '적다'가 알맞습니다. (2)에서는 몸의 길이인 키가 '나'보다 덜한 것이므로 '작고'가 알맞습니다.

11

108~117쪽

글쓴이의 의견과 나의 의견 비교하기

확인 문제

109쪽

도연

■ 글쓴이의 의견은 건강을 지키기 위해 탄산음료를 줄여야 한다는 것입니다. 비만을 예방하려면 탄산음료를 줄여야 한다는 도연이의 말은 이러한 글쓴이의 의견과 같은 의견입니다.

오답 피하기

수빈: 몸에 해로운 음식을 조금만 먹어야 한다는 것은 글쓴이의 의견과 같은 의견입니다.

1 **3반 학급 회의**

110~111쪽

1 교실, 자리   2 (1) ② (2) ③ (3) ①
3 ㉮ 💡키 순서   4 (1) ○

1 3반 친구들은 '교실에서 자리를 어떻게 정해야 할까?'라는 주제로 학급 회의를 했습니다.

2 윤아는 앉고 싶은 대로 앉으면 모두가 자기 자리에 만족할 것이라고 말했습니다(①). 선우는 제비뽑기로 자리를 정하면 평소에 친하지 않았던 친구들과도 가까워질 수 있다고 말했습니다(②). 지희는 키 순서대로 앉으면 키가 작은 친구가 뒷자리에 앉는 일이 생기지 않을 것이라고 말했습니다(③).

3 키가 클수록 뒤에 앉아야 한다는 것은 키 순서대로 자리를 정해야 한다는 지희의 의견과 같은 의견입니다.

4 일기에서 '나'는 원하는 창가 자리에 앉을 수 있다는 생각에 기대를 했지만, 창가 자리를 좋아하는 친구들이 많아 가위바위보를 해서 자리를 정했다고 하였습니다. 이렇게 각자 원하는 자리에 앉기로 한 달은 9월입니다.

오답 피하기

(2) 10월은 제비뽑기로 자리를 정하기로 한 달입니다.
(3) 11월은 키 순서대로 앉기로 한 달입니다.

2 **동생에게 쓴 편지**

112~113쪽

1 ㉮ 💡사뿐사뿐   2 ④
3 (2) ○   4 (1) 같은 (2) 조용히

1 "앞으로는 집 안에서 사뿐사뿐 걸어 다니면 좋겠어.", "다들 잠을 자는 늦은 밤에는 크게 소리를 지르거나 악기를 연주하거나 노래를 부르지 말아야 해." 등을 통해 글쓴이는 집에서 시끄러운 소리를 내지 말아야 한다고 생각한다는 것을 알 수 있습니다.

✏️ **이 문제를 틀렸다면**

글쓴이가 동호에게 해 주고 싶은 말이 무엇인지 찾아봅니다.

2 "동호도 다른 사람이 시끄럽게 해서 잠을 깨면 기분이 나쁘겠지?"는 다른 사람이 낸 소음 때문에 잠을 깨는 상황을 가정하여 질문한 것이지, 실제로 동호가 그러한 경험을 했다는 뜻이 아닙니다.

오답 피하기

① "동호야, 너도 이제 2학년이 되었으니까"에서 알 수 있습니다.
② "우리 집 같은 아파트에서는"에서 알 수 있습니다.
③ "누나는 어제 학교에서 층간 소음에 대해 배웠어."에서 알 수 있습니다.
⑤ "우리가 시끄럽게 떠들 때 엄마, 아빠께서 소리를 낮추라고 말씀하시는"에서 알 수 있습니다.

3 ㉠의 앞에는 앞으로 집 안에서 사뿐사뿐 걸어 다니면 좋겠다는 내용이 나옵니다. ㉠에는 이와 반대되는 내용이 들어가야, 아랫집에 사는 사람들의 마음을 불편하게 만들 수 있다는 뒤의 내용과 자연스럽게 이어질 것입니다. 따라서 ㉠에 들어갈 말은 '쿵쾅거리며 뛰어다니면'입니다.

오답 피하기

⑴, ⑶ 층간 소음을 줄여 아랫집에 피해를 주지 않기 위한 행동이므로, ㉠에 들어갈 말로 알맞지 않습니다.

4 '나'는 윗집의 피아노 소리 때문에 잠을 못 잘 때가 있다는 것으로 보아, '나'는 글쓴이와 (1)같은 의견일 것이고, 이웃과 사이좋게 지내기 위해 집 안에서 (2)조용히 생활해야 한다고 생각할 것입니다.

✏️ **이 문제를 틀렸다면**

'내'가 내세우는 의견과 그 까닭을 살펴보고, 글쓴이의 의견과 비교해 봅니다.

1 ④

2 바다, 오염

3 예리

4 (1) ○　💡 보존

1 1문단에서 갯벌은 바닷물이 빠져나가는 썰물 때에만 드러나는 넓고 평평한 땅이라고 하였습니다. 밀물 때가 되면 갯벌은 물속에 잠겨 보이지 않습니다.

✏️ **이 문제를 틀렸다면**

①은 3문단을, ②와 ⑤는 2문단을, ③은 4문단을 읽으며 확인해 봅니다.

2 몸속의 노폐물을 걸러 주는 콩팥처럼, 갯벌도 육지에서 바다로 떠내려오는 오염 물질을 정화해 주기 때문에 '자연의 콩팥'이라는 별명이 생겼습니다.

✏️ **이 문제를 틀렸다면**

3문단을 읽으며 콩팥이 우리 몸에서 하는 일과 갯벌이 자연에서 하는 일의 공통점을 파악해 봅니다.

3 4문단에서 태풍은 갯벌을 만나면 그 힘이 약해지기 때문에, 갯벌이 태풍의 피해를 줄인다고 하였습니다. 그러므로 갯벌이 없어지면 태풍으로 인한 피해가 줄어드는 것이 아니라 늘어날 것입니다.

🔴 **오답 피하기**

연수: 철새들은 갯벌에 머무르며 먹이를 찾아 먹는다고 하였으므로(2문단), 갯벌에 철새들이 좋아하는 먹이가 많을 것이라고 짐작할 수 있습니다.

태주: 갯벌은 밀물 때마다 물에 잠기므로(1문단), 갯벌의 흙은 축축할 것이라고 짐작할 수 있습니다.

4 보기 는 ○○지역에서 갯벌을 메워 육지로 바꾸는 사업을 진행하고 있다는 내용입니다. 글쓴이의 의견은 갯벌을 소중히 여기고 잘 보존해야 한다는 것이므로, 이와 같은 의견은 갯벌을 그대로 두어야 한다는 내용의 (1)입니다.

🔴 **오답 피하기**

(2) 글쓴이는 갯벌이 자연과 사람 모두에게 여러 가지 도움을 준다고 하였습니다. 따라서 갯벌을 메워 육지로 바꾸어야 한다는 것은 글쓴이와 다른 의견입니다.

1 (1) ③ (2) ② (3) ①

2 (1) 홍수 (2) 소음 (3) 결론

3 (1) V

4 흐뭇하다

5 (2) V

2 (1)의 빈칸에는 '비가 많이 내려서 갑자기 크게 불어난 강이나 개천의 물.'이라는 뜻의 '홍수'가, (2)의 빈칸에는 '불쾌하고 시끄러운 소리.'라는 뜻의 '소음'이, (3)의 빈칸에는 '어떤 문제에 대하여 마지막으로 내린 판단.'이라는 뜻의 '결론'이 들어가는 것이 알맞습니다.

3 '주제'는 '대화나 글 등에서 중심이 되는 문제.'라는 뜻입니다. (2)에서 엄마께서는 자전거를 타는 방법을 알려 주셨을 것이므로, '주제' 대신 '방법'을 써야 자연스럽습니다.

✏️ **이 문제를 틀렸다면**

110쪽의 "3반 친구들은 '교실에서 자리를 어떻게 정해야 할까?'라는 주제로 학급 회의를 하기로 했어요."라는 문장을 찾아 '주제'의 뜻을 살펴봅니다.

4 '뿌듯하다'와 뜻이 비슷한 낱말은 '마음에 들어 매우 만족스럽다.'라는 뜻의 '흐뭇하다'입니다.

🔴 **오답 피하기**

'실망하다'는 '기대하던 대로 되지 않아 희망을 잃거나 마음이 몹시 상하다.'라는 뜻이고, '억울하다'는 '잘못한 것도 없이 피해를 입어 속이 상하고 답답하다.'라는 뜻이며, '후련하다'는 '거북하거나 좋지 않았던 속이 풀려서 시원하다.'라는 뜻입니다.

5 '가는 말이 고와야 오는 말이 곱다.'는 '내가 남에게 말이나 행동을 좋게 해야 남도 나를 좋게 대한다.'라는 뜻의 속담입니다. (2)는 친구에게 칭찬하는 말을 했더니 친구도 나를 칭찬한 상황이므로, '가는 말이 고와야 오는 말이 곱다.'와 어울립니다.

🔴 **오답 피하기**

(1) 부모님의 잔소리를 듣고 어질러진 물건들을 정리하는 것은 다른 사람에게 먼저 좋은 말이나 행동을 한 상황이 아니므로, '가는 말이 고와야 오는 말이 곱다.'와 어울리지 않습니다.

자료에 적용하기

확인 문제

(1) ○

■ 글에서 동그란 점 모양들이 튀어나와 있는 점형 블록은 잠깐 멈추라는 뜻이고, 길쭉한 막대 모양들이 튀어나와 있는 선형 블록은 가던 방향으로 계속 걸어가라는 뜻이라고 하였습니다. 따라서 보기 의 상황에서는 선형 블록을 따라 걷다가 점형 블록에서 멈추어야 합니다.

1	독특한 그림, 데칼코마니	120~121쪽

1 똑같은, 기법 **2** (2) ○

3 보나 **4** (3) × 💡같은

1 1문단에서 데칼코마니는 종이의 왼쪽과 오른쪽에 똑같은 무늬를 만드는 그림 기법이라고 하였습니다.

2 데칼코마니로 그림을 그리려면 종이를 반으로 접었다가 펼치고, 종이의 한쪽에 물감을 두껍게 칠한 다음 물감이 다 마르기 전에 종이를 다시 반으로 접어 문지른 뒤, 종이를 펼치면 됩니다.

3 데칼코마니 그림은 가운데에 접은 선을 기준으로 양쪽 무늬의 모양이 같으므로 그 크기도 서로 같을 것입니다.

오답 피하기 🔔

윤지: 대칭은 안정감을 주므로(4문단), 대칭을 이루는 데칼코마니 그림을 보면 안정감을 느낄 수 있을 것입니다.

성호: 은행잎과 단풍잎은 대칭이므로(4문단), 은행잎과 단풍잎 모양을 데칼코마니로 그릴 수 있을 것입니다.

4 오페라 하우스는 가운데 선을 기준으로 양쪽의 모양이 다르므로, 대칭인 건축물이 아닙니다.

오답 피하기 🔔

(1), (2) 타지마할과 경복궁의 가운데에 선을 그어 보면, 양쪽이 똑같은 모양임을 알 수 있습니다.

2	모두를 위한 디자인	122~123쪽

1 (2) ○ 💡전시관 **2** ②

3 ㉮ **4** ③

1 이 글은 글쓴이가 유니버설 디자인 전시관에 다녀와서 보고 느낀 점을 쓴 감상문입니다.

오답 피하기 🔔

(1) 이 글은 글쓴이가 직접 겪은 일을 쓴 글입니다.

(3) 글쓴이는 유니버설 디자인이 곳곳에 적용되어 모두가 편하게 생활할 수 있는 세상이 되면 좋겠다고 하였습니다. 하지만 이러한 의견을 다른 사람에게 제안하지는 않았습니다.

2 글쓴이가 본 안내판에 따르면, 동그란 모양의 손잡이는 손으로 잡고 돌려야 해서 힘이 없거나 손을 다친 사람이 열기 어려웠습니다.

✎ 이 문제를 틀렸다면

①은 5문단을, ③은 3문단을, ④는 4문단을, ⑤는 1문단을 읽으며 확인해 봅니다.

3 글쓴이는 전시를 보고 나서 유니버설 디자인이 곳곳에 적용되면 좋겠다고 하였습니다. 막대 모양의 문손잡이는 유니버설 디자인이므로, 글쓴이는 방문의 손잡이를 동그란 손잡이로 바꾸고 싶다고 생각하지 않았을 것입니다.

오답 피하기 🔔

㉯ 글쓴이는 유니버설 디자인 전시관에서 층을 누르는 버튼이 낮게 설치된 엘리베이터를 보았습니다(3문단). 따라서 높이가 낮은 세면대를 보고 유니버설 디자인이라고 생각할 수 있습니다.

㉰ 글쓴이는 경사로를 이용하면 모두가 편하고 안전하게 오르내릴 수 있겠다고 생각했습니다(4문단). 따라서 계단을 힘들어하시는 할머니를 보고 경사로가 생기면 좋겠다고 생각할 수 있습니다.

4 이 글에서는 키가 작은 사람도 편하게 누를 수 있도록 엘리베이터의 버튼을 낮게 설치했다고 하였습니다. 이를 그림 속 상황에 적용하면, 키가 작은 아이도 잡을 수 있게끔 손잡이의 길이를 더 길게 만들어 문제를 해결할 수 있습니다.

1 ④

2 (2) ○   💡 다른, 같은

3 윤우

4 ㉯

1 (1) ① (2) ② (3) ③

2 (1) 성질 (2) 목발 (3) 기법

3 (3) V   **4** (1) 내리다 (2) 내리막길

5 (1) 발견하고 (2) 발명했다

---

1 2문단에 따르면, 자석에서 철을 끌어당기는 힘이 가장 센 곳은 양쪽 끝입니다.

오답 피하기 ⚠️

① 나침반의 바늘은 자석입니다(4문단).

② 못이나 가위의 날 부분처럼 철로 된 물건은 자석에 잘 붙습니다(1문단).

③ 철이 아닌 종이나 플라스틱은 자석에 붙지 않습니다(1문단).

⑤ 자석의 양쪽 끝 중에서 한쪽 끝을 N극이라고 하고, 다른 쪽 끝을 S극이라고 합니다(2문단).

2 자석은 다른 극끼리 끌어당기는 성질이 있어서, 막대자석 두 개를 N극과 S극이 서로 마주 보게 놓고 가까이 가져가면 달라붙는다고 하였습니다.

오답 피하기 ⚠️

(1) 자석은 같은 극끼리 밀어내는 성질이 있습니다.

3 5문단의 "나침반이 발명된 이후로 사람들은 드넓은 바다를 탐험할 수 있게 되었어요."를 통해 짐작할 수 있습니다.

오답 피하기 ⚠️

시현: 나침반의 빨간 바늘은 언제나 북쪽을 가리킵니다. 지구의 북극은 S극이므로, 나침반의 빨간 바늘이 N극이어야 북쪽을 가리킬 것입니다.

다은: 나침반이 없었을 때는 날씨가 흐리면 별이 잘 보이지 않아 별자리로 방향을 찾기 힘들었습니다. 그러나 나침반은 맑고 흐림에 관계없이 언제 어디서든 북쪽을 알려 줍니다.

4 S극인 북극이 자석의 N극을 끌어당기기 때문에, 자석을 물에 띄워 보면 항상 N극이 북쪽을 가리킨 상태로 멈춘다고 하였습니다. 그러므로 북쪽은 막대자석의 N극이 가리키는 방향인 ㉯입니다.

✏️ **이 문제를 틀렸다면**

지구의 북극이 N극인지 S극인지 확인해 봅니다.

2 (1)의 빈칸에는 '사물이나 현상이 가지고 있는 고유의 특징.'이라는 뜻의 '성질'이, (2)의 빈칸에는 '다리가 불편한 사람이 겨드랑이에 끼고 걷는 지팡이.'라는 뜻의 '목발'이, (3)의 빈칸에는 '기술과 방법.'이라는 뜻의 '기법'이 들어가는 것이 알맞습니다.

3 '안정감'은 '몸이나 마음이 편안하고 고요한 느낌.'이라는 뜻입니다. (3)에서는 밖에서 우르릉하고 천둥이 치자 무서웠다고 했으므로, '안정감'은 그 쓰임이 어색합니다.

✏️ **이 문제를 틀렸다면**

120쪽의 "또한 대칭은 안정감을 주기 때문에, 건축물을 지을 때 대칭을 이루도록 설계하는 경우가 많습니다."라는 문장을 찾아 '안정감'의 뜻을 살펴봅니다.

4 '타다'와 뜻이 반대되는 낱말은 '탈것에서 밖이나 땅으로 옮겨 서거나 나오다.'라는 뜻의 '내리다'입니다. 그리고 '오르막길'과 뜻이 반대되는 낱말은 '높은 곳에서 낮은 곳으로 이어지는 비탈진 길.'이라는 뜻의 '내리막길'입니다.

오답 피하기 ⚠️

'내밀다'는 '신체나 물체의 일부분이 밖이나 앞으로 나가게 하다.'라는 뜻이고, '구부렁길'은 '구부러진 길.'이라는 뜻입니다.

5 '발견하다'와 '발명하다'는 뜻이 다르지만 글자가 비슷하여 헷갈리는 말입니다. (1)에서는 목걸이를 찾아낸 것이므로 '발견하고'가 알맞습니다. (2)에서는 해시계를 새로 생각하여 만들어 낸 것이므로 '발명했다'가 알맞습니다.

용선생 추론독해 2단계

추론독해 2

정답과 해설

추론독해 ^{용선생} 2